教研视角下的教育自觉

南通市市直学校教育管理中心　编

《教研视角下的教育自觉》编委会

卢　勇　　李　伟　　李光宇　　吴小兵
张　蕾　　陈　霞　　范红梅　　金新华
耿　建　　徐金祥　　薛永娟

（按姓氏笔画排序）

南方出版社
·海口·

图书在版编目（CIP）数据

教研视角下的教育自觉/南通市市直学校教育管理中心编. -- 海口：南方出版社, 2025.6. -- ISBN 978-7-5501-9925-5

Ⅰ. G420

中国国家版本馆 CIP 数据核字第 2025W22U26 号

教研视角下的教育自觉
JIAOYAN SHIJIAO XIA DE JIAOYU ZIJUE

南通市市直学校教育管理中心　◎编

责任编辑：胡胜丽
出版发行：南方出版社
地　　址：海南省海口市和平大道 70 号
邮　　编：570208
电　　话：0898-66160822
传　　真：0898-66160830
经　　销：全国新华书店
印　　刷：苏州盛世云印科技有限公司
版　　次：2025 年 6 月第 1 版
印　　次：2025 年 6 月第 1 次印刷
开　　本：787mm×1092mm　1/16
印　　张：11
字　　数：220 千字
定　　价：59.00 元

前 言

2019年9月，教育部发布《关于加强和改进新时代基础教育教研工作的意见》（以下简称《意见》），其中提到："对新时代基础教育教研工作具有开创性、全局性和基础性意义，标志着中国特色基础教育教研制度正日益走向成熟。"《意见》高度肯定了教研工作在基础教育教学中的关键支撑作用，同时也对新时代的基础教育教研工作提出了新要求。例如，在主要任务方面，着重强化教研工作的服务属性，即服务学校教育教学，服务教师专业成长，服务学生全面发展，服务教育管理决策；在工作职责方面，要求市、县级教研机构将工作重心下移，深入学校、课堂、教师和学生群体，紧密结合一线教育教学实际开展研究，指导学校和教师开展校本教研，优化教育教学工作；在工作方式方面，强调要因地制宜，运用多种形式，提升教研工作的针对性、实效性、吸引力和创造力；在教研员专业发展方面，要求各级教研机构根据教育教学改革需求，设立若干重点研究项目，组织教研员开展课题研究，提升教研能力和教学指导水平。

教研员兼具专业学术指导职能与行政服务职能。充分发挥教研员的各项职能，引领教研员的理念、实践向更高层次发展，对推动区域教育遵循规律、实现高质量发展具有重要作用。区域教研的质量和成效取决于教研队伍的教研实践。教研队伍来源于教师，从教师转变为教研员，涉及身份角色、服务对象、专业认知以及评价机制等多方面的转变。那么，在教研员的视角下，区域教育应呈现怎样的面貌？课程设置及其实践应如何开展？课堂教学生态具有哪些特征？教师的专业（生存）状态又如何呢？这些问题亟待深入研究和解答。期望通过对这些问题的深度思考和积极探索，为新时代基础教育教研工作的优化和发展提供有益的参考和借鉴。

目 录

第一章　区域教研的实然困境　/ 1
第一节　区域教研的时代困境　/ 1
第二节　区域教研的观念困境　/ 6

第二章　教研转型的本然原则　/ 13
第一节　实践性原则——区域教研的活动建设　/ 13
第二节　协同性原则——区域教研的机制建设　/ 17
第三节　系统性原则——区域教研的制度建设　/ 21

第三章　教研转型的应然路径　/ 27
第一节　教研员的使命自觉——从面子到责任：变精英教研为大众研修　/ 27
第二节　教研员的专业自觉——从引领到实践：变经验教研为实证研究　/ 31
第三节　教研员的活动自觉——从一般到个别：变单一教研为菜单定制　/ 36
第四节　区域教研的教育自觉——从个体到群体：变指导监督为合力教研　/ 39

第四章　区域教育自觉背景下的课程追求　/ 45
第一节　区域课程实践的现状　/ 45
第二节　教研员视角下的课程　/ 49
第三节　指向教育自觉的课程实施策略与方案　/ 58
第四节　指向教育自觉的课程建设案例　/ 62

i

第五章　区域教育自觉背景下的课堂追求　/ 75

第一节　区域课堂教学的现状　/ 75
第二节　教研员视角下的课堂　/ 81
第三节　指向教育自觉的课堂教学策略与实施方案　/ 95
第四节　指向教育自觉的课堂教学案例　/ 102

第六章　区域教育自觉背景下的专业追求　/ 123

第一节　区域教师专业成长的现状　/ 123
第二节　教研员视角下的教师专业成长　/ 125
第三节　指向教育自觉的教师专业成长策略与实施方案　/ 127
第四节　指向教育自觉的教师专业成长案例　/ 130

第七章　区域教育自觉背景下的愿景展望　/ 143

第一节　区域学校发展的愿景展望　/ 143
第二节　区域教研员成长的愿景展望　/ 147
第三节　区域教师成长的愿景展望　/ 150
第四节　区域学生发展的愿景展望　/ 154

附　录　/ 161

附录1　南通市崇川初级中学对市直政史教研工作调查问卷统计数据　/ 161
附录2　调查报告分析　/ 164

参考文献　/ 166

第一章
区域教研的实然困境

第一节　区域教研的时代困境

　　区域教研文化在教育事业中占据着举足轻重的地位，它不仅是教师专业发展的重要推手，更是提升教育质量、推动教育改革的关键力量。在区域教研文化的挖掘与建设过程中，教师与教研员的角色和使命显得尤为重要。

　　教师是区域教研文化的主要传承者和发展者。作为教学实践的主体，教师承载着将教育理念转化为具体教学行为的重任。教师应积极参与区域教研，通过分享教学经验、反思教学问题、探索教学方法，不断提升自身的教学水平。在与同行交流、研讨、思维碰撞的过程中，为区域教研文化的积累和创新做出贡献，推动区域教研文化的深入发展。

　　教研员是区域教研文化的引领者和推动者，他们除了具有一线优秀教师的专业学科素养外，还具备较高的研究素养与能力，他们需要为区域教研文化的发展提供方向和指导。有教研员用"同事""同伴""朋友"等词语来形容自己和一线教师的关系，认为教研员和教师是一种合作、服务的关系，反对教研员高高在上的工作作风，主张平等地与教师交流、探讨。在区域教研文化的挖掘过程中，教研员应发挥专业优势，定期组织教研活动，为教师提供学习、交流的平台。通过组织观摩课、研讨会、课题研究等形式多样的活动，激发教师的教研热情，提升他们的教研能力，引导教师关注教学中的实际问题，提出解决方案。同时，他们还应关注教师的成长需求，为他们提供个性化的指导和帮助。（详见附录1、附录2中对南通市崇川初级中学的调查问卷与

结果)

教师与教研员应明确自己的角色和使命,发挥各自的优势,形成合力,双方相互学习、相互支持,共同推动区域教研文化的发展。

一、个体与群体的关系

在我国基础教育质量保障体系中,有一支特殊的教师队伍,称为"教研员"。教研员这个称呼出现在 20 世纪 50 年代中期,是为了缓解当时中国教育人才匮乏和教育质量相对落后的实际情况而设置的,在教研知识、教研策略和教研成效等方面具有垂范的作用。半个多世纪以来,我国教育质量快速提升,教研员从中发挥的作用功不可没。教研员是教研体制的核心力量与支柱,是推动基础教育课程教学的核心动力,是中小学教师队伍中的"关键少数",也是专业上距离学校、教师、课程、教学"最近的人"。教研员要全面理解国家教育大政方针,加强基础教育理论、政策和实践研究,提高教育决策的科学化水平,做教育政策的宣传者;要服务学校教育教学,引领课程教学改革,做课程实施的护航者;要服务教师专业成长,指导教师改进教学方式,提高教书育人能力,做教师发展的引领者;要服务学生全面发展,深入研究学生学习和成长规律,提高教育教学质量,做教学质量的促进者。

教研员个人应该充分认识到自身在教研文化中的重要性,每位教研员的个体贡献与努力对整个团队的共同追求起着至关重要的作用。个体教研员应当树立教育自觉的意识,关注自身的成长与发展,不断提升自身的教育理念、教研方法和教育技能,始终保持对教研文化的高度认同感和积极参与度,将个人的教育自觉与整个教研团队的追求相融合,共同努力,互相学习和借鉴,提升自身的教育素养和教研实力。在教研过程中,教研员们应该共同追求专业化、创新性、实践性和开放性等价值取向,在个体与群体的有效结合中不断提升自身,并推动整个教研文化的发展。这一共同追求将促进教育领域的进步和提高,实现教研团队的共同目标。

(一)做教育政策的宣传者

新时代教研员需要宣传的教育教学政策及文件主要包括以下几个方面。

(1)教育教学改革政策:宣传国家关于教育教学改革的政策措施,包括课程改革、教学方式创新、评价机制改革等方面的内容,以促进教育教学质量的提升。

(2)学科核心素养培育政策:宣传学科核心素养培育的重要性和实施路径,进行教学实践指导。

(3)教师专业发展政策:宣传教师专业发展的政策措施,包括教师培训、教师评价、教师激励机制等方面的内容，以促进教师的专业成长和教育教学能力的提升。

（5）教学质量监测与评估政策：宣传教学质量监测与评估的政策要求和实践路径，包括教学质量监测体系的建设、评估标准的制定、评估方法的完善等方面的内容。

（5）学生综合素质评价政策：宣传学生综合素质评价的政策导向和实践举措，包括评价标准制定、评价方法改进、评价结果应用等方面的内容，以促进学生的全面发展。

（6）教育信息化与教学资源政策：宣传教育信息化与教学资源的政策要求和发展趋势，包括数字化教学资源建设、信息化教学平台应用、在线教育发展等方面的内容，以推动教育技术的创新和应用。

在宣传这些教育教学政策及文件时，教研员需要通过专家报告、专题研讨、课堂观摩等多种方式，注重解读其核心精神和实践要求，结合本地教育实际和学校需求进行有针对性的指导，帮助教师准确理解和有效执行相关政策，促进教育教学质量的提升和学生全面发展的实现。同时通过交流、探讨，总结一线教师所反馈的政策落地实施过程中遇到的问题，开展调研，寻求解决之道，形成书面材料向本级或上级教育主管部门提建议。

（二）做课程实施的护航者

课程改革的理想状态是学生所得课程与国家课程目标完全一致，但事实上这是很难实现的。从国家课程到校方课程，再到教师所教课程和学生所学课程，最后到学生所得课程，每两个层次之间都不可避免地存在着落差。

教研员要引领一线教师准确把握课程改革的方向和要求。第一，全面解读我国《基础教育课程改革纲要（试行）》，明确课程改革目标、课程结构、课程标准、教学过程、教材开发与管理、课程评价、课程管理、教师培养和培训，以及课程改革组织与实施等方面的精神与要求。第二，准确解读学科课程标准，深入理解课程性质、基本理念、设计思路、课程目标和内容以及实施建议。第三，深度解读教材文本，研究教材编写理念、内容选择与组织呈现方式等。第四，认真解读与课程改革配套的政策文件，例如国务院和教育部印发的有关深化考试招生制度改革的文件，等等。

（三）做教师发展的引领者

教学指导是教研员最基本的职能，是教研员的生活日常。教研员会不定时进入各个学校推门听课，评课反馈，和教师们一起钻研教材、设计教学、研究课堂和研究学生，及时发现教学中存在的问题，开展精准诊断服务，指导教学的薄弱环节。通过备课观摩、试题分析等具体方法指导校本研修活动。教研员鼓励并指导教师进行教学研究，培养教师的科研意识和能力。他们指导教师进行教学反思，总结教学经验，提炼教学规律，开展课题研究，撰写教学论文，从而促进教师的专业成长和学术提升。教研员积极为教师搭建成长的平台，如组织教学竞赛、教学论坛、教师沙龙等活动，为教师提供展示自我、交流学习的机会。这些平台不仅激发了教师的教学热情和创新精神，还促进了教师之间的交流与合作，形成了积极向上的教师群体学习氛围，拓宽了教学视野，更新了教育理念，使教师掌握了有效的教学方法。

（四）做教学质量的促进者

教研员因其所承担的教学研究、指导和服务等职能，理所当然应该扮演教学质量监控中的重要角色，切实开展教学评价，促进教学质量提升。教研员通常具有丰富的教学经验和专业知识，他们通过组织各种教学活动、研讨会和培训，向教师传授新的教学理念、方法和技巧。这种专业引领有助于教师更新教学观念，提升教学能力，从而提高教学质量。教研员自身具有丰富的理论研究功底，他们通过对教学现象、教学问题和教学效果的深入研究，为教师提供有针对性的教学建议和解决方案。这种研究有助于教师更准确地把握教学规律，优化教学设计，提高教学效果。教研员通常会对教师的教学进行评价和反馈。他们通过课堂观察、学生反馈、作业分析等方式，对教师的教学进行全面、客观的评价，并提出改进建议。这种评价和反馈有助于教师及时了解自己的教学情况，发现教学中的问题和不足，从而调整教学策略，提升教学质量。教研员还承担着教学资源的整合和分享职责。他们通过收集、整理和开发各种教学资源，如教案、课件、试题等，为教师提供丰富、优质的教学资源支持。这种资源整合有助于教师更好地备课和教学，提高课堂教学的效率和质量。

以思政课教研员为例，对标习近平总书记在学校思想政治理论课教师座谈会上的重要讲话中提出的推进思政课教学改革创新的"八个相统一"，围绕学科核心素养和新时代思政课一堂好课的基本标准，设计具有创造性、分层性、趣味性、实践性的作业和考试，提高学生完成作业和考试的兴趣和质量。

二、区域教研与大市教研、省域教研的关系

区域教研是保障基础教育质量的重要一环，是大市教研和省域教研之间的纽带。在教研文化上，区域教研应该追求的是价值的统一，即不论是从大市教研还是从省域教研的角度来看，区域教研都应该具备统一的价值追求。

区域教研与大市教研之间的关系应该建立在合作与交流的基础上。作为教研员，我们应该认识到区域教研的优势在于能够汇集来自不同学校的教研资源，促进教研成果的共享与推广。因此，在区域教研中，教研员们应该积极主动加强与其他地区教研

员的合作与交流，分享各自区域的教育经验和教学成果，释疑解惑，相互切磋，携手共进。

区域教研也应与省域教研保持密切联系。省域教研是整个教育系统中的重要组成部分，它负责指导、协调和管理区域教研工作，有着更高的层次和更广泛的影响力。在教研文化上，我们应该认识到省域教研对于区域教研的指导和支持的重要性，同时也应积极投身于省域教研的活动中，参与各种专业交流、研讨会和研究课题的讨论。通过与省域教研的互动与合作，我们能够更好地理解并融入教研的理念和要求，形成统一的教研文化。

区域教研与大市教研、省域教研的关系，在教研文化上应该体现出统一的价值追求。通过合作与交流，与不同层级的教研实现互动和互补。一是在人员方面，建立由专职教研员主导，以特级教师、正高级教师、学科带头人、兼职教研员为主要力量的立体式教研团队，赋予工作任务，建立考核机制和奖励机制。二是在层次方面，构建省域、市域、区域、校域等多层次教研活动认定机制，激发多层次开展教研的动力和活力，提高教育水平的整体素质。

三、区域教研与学校教研的差异

我国的教研制度和教研员体系在改变区域和学校的发展样态、改变教师的思维和行为方式上，有着重要的作用。在教育领域中，区域教研与学校教研是不可或缺的两个重要环节。区域教研以全局的视野促进教育的发展，而学校教研则注重针对具体学校的特点和需求进行深入研究。

第一，区域教研与学校教研在教研目标的追求上存在差异。区域教研以追求教育整体发展和进步为目标，强调教师之间的合作和交流，以提高整个区域教育水平；而学校教研更关注学校内部的教育问题和需求，旨在提升本校的教育质量和教学效果。区域教研注重整体性和统一性，而学校教研更注重个体性和差异性。

第二，区域教研与学校教研在教研内容的选择上存在差异。区域教研以探索和研究教育问题为主要内容，例如教学方法的改进、课程的创新等；而学校教研则更注重解决学校内部的教育难题，涉及学校管理、教师发展等方面。区域教研的内容更具有一般性和普遍性，而学校教研则更具有针对性和特殊性。

第三，区域教研与学校教研在教研方式和组织形式上也存在差异。区域教研通常以教研活动和座谈会等形式进行，汇集区域内的教育专家和教师，共同探讨和交流；而学校教研更注重学校内部的教研组织，通过学科活动、教学研讨等形式促进教师之间的交流和互动。区域教研注重不同单位间的交流和合作，学校教研注重学校内部各学科的交流和指导。

作为教研员，我们应该以开放的心态对待区域教研与学校教研之间的关系，明确区域教研和学校教研在价值追求上的差异，尊重和理解学校教研的特点和需求。同时，我们也应积极将区域教研所获得的经验和成果与学校教研相结合，从教材解读、教学设计、作业评价、工具开发等角度组织区域骨干力量开发资源和实践案例，开展富有成效的教研活动，帮助教师更新育人观念，落实新课标立德树人的理念，实现教研工作的良性循环。

近年来，各市直学校资源共享、互鉴，落实联合体办学要求，强化区域协同联动，探索引入互联网+教育资源。在市直学校教育管理中心的指导下，通过各种途径分享多元化的教育资源，促进联合体内教师的流动交流，增强学校及教师资源利用效率，丰富教材形式和内容，为学生提供更高效、更丰富、更有趣的学习体验。同时，配备多元化的指导力量，积极吸纳高校及教研机构等教研力量，聚焦课堂教学改进，铺开常态化调研指导，市教科院、市直学校教育管理中心不定时去各个学校随堂听课、调研，及时发现学校在实施过程中的重点和难点问题，精准帮扶薄弱学校，个性化指导特殊学校。

为有效提升各校教师的教育教学水平，每年定期组织开展专项活动，如南通市直学校新入职教师规范化培训，骨干教师、教坛新秀、"1115工程"领航校长、教育家型教师、卓越教师培养对象等通过校、区逐级选拔，参加市级项目化学习培训研讨活动，通过课堂实践、微论坛、主旨报告、成果展示、圆桌讨论等多种形式，培训学习、事件研讨、分享引领，形成可借鉴、可复制的项目成果，在共建共享中促进成长。

第二节 区域教研的观念困境

随着我国基础教育改革进入深水区，教研员专业发展问题已不容回避。当前教研员专业发展中还存在着教研员角色定位模糊、教育自觉意识不强等问题。教研员身份的模糊与角色的多重性，导致教研员发展存在很多问题，如，他们的精力被用在大量非教学研究的行政管理事务工作上，缺乏自身专业发展的环境与机会。而且，由于教研员离开一线教学之后，脱离了中小学教师课堂教学的实际，于是，很多教研员很难胜任对中小学教学的引领与专业指导工作，甚至一些教研室沦为优秀教师的"养老"部门。有些教研员缺乏教育自觉意识，囿于对传统教研方式的依赖，重经验、轻理论，重说教、轻调研，重守成、轻创新，教研转型落后于时代之需。教研工作中存在着经验性、盲目性，造成教研资源的浪费；教研实践中存在教研目标追求统一、教研内容习惯指令式等现象,"说教式""表演式""拿来式"的教研活动比比皆是,缺乏生气与活力。教研员自我定位迷失的现象不利于区域教研的长效发展。

一、教师与教研员的资格差异

《中共中央 国务院关于全面深化新时代教师队伍建设改革的意见》中明确提出,要强化教师承担的国家使命和公共教育服务的职责。《中华人民共和国教师法》《中华人民共和国高等教育法》中对教师的义务规定了6条,主要条款是依法从教,尊重学生人格,对学生进行科学技术、文化、道德和爱国主义、民族团结的教育等。从这些条款可以看出,教师的根本职责就是履行教学活动,对学生进行德智体美劳教育,帮助学生完善人格,促进其品德、智力、体质等方面全面发展。而要正确履行职责,还需要教师不断提高自己的知识水平、研究能力,因此,教师自我提升是教师履行职责的前提条件。

教研员是对基础教育领域专门从事教育教学工作人员的简称,是我国基础教育教师队伍的重要组成部分,具有典型的中国基础教育特色。教研员的职责随着社会的发展变化而变化,但其基本职能包括从事课程、教学、教材、考试和评价等研究,集教学研究、教学指导和教学管理于一身。其中,研究是核心,管理是手段,指导、服务分别是研究和管理的指向。2019年,教育部印发《教育部 关于加强和改进新时代基础教育教研工作的意见》,明确指出了教研员要服务教师专业成长,指导教师改进教学方式,提高教书育人能力。建立一支专业化和高质量的教研员队伍,对促进基础教育一线教师教育教学能力的提高具有重要的意义。

教研员是教师群体中的优秀者,虽不直接参与教育教学工作,但需要对教育教学工作进行指导,以保障教学质量。教研员来自教师,又不同于教师;拥有行政权力,又不同于一般行政人员;是从事教学研究的人员,又不同于一般科研人员。教研员在一线教师眼里,是学科与课程专家,是教师专业发展的引领者;在教育决策者眼中,他们是教育政策的上传下达者,是区域基础教育质量的保障者。教研员的工作内容既有业务性工作,又有行政事务性工作。这就要求教研员自身素质要全面,才能胜任复杂的工作。

二、教师与教研员的服务对象差异

新时代给教育教学带来了新机遇,也对教师队伍建设提出了新要求。从"四有"好老师到"四个引路人",习近平总书记为新时代教师群体的角色定位和使命担当赋予了新的内涵。教师的价值引领作用直接体现在两个方面:对学生发展的影响,践行立德树人的使命，当好学生成长的引路人；对家庭教育的指导，强化家校正向协同，当好家庭教育的指路人。

"培养什么人、怎样培养人、为谁培养人"是教育的根本问题。习近平总书记一直高度重视青年一代的成长，多次强调立德树人是教育的中心环节和根本任务。我国的教育必须坚持社会主义办学方向，坚持教育为人民服务、为中国共产党治国理政服务、为巩固和发展中国特色社会主义制度服务、为改革开放和社会主义现代化建设服务；要扎根中国大地办教育，努力培养担当民族复兴大任的时代新人，培养德智体美劳全面发展的社会主义建设者和接班人。习近平总书记重要指示精神，为我国的教育改革发展指明了方向，也为广大教师提供了基本的价值遵循。古希腊教育家、思想家苏格拉底告诫学生："一定要把灵魂教育托付给那些拥有美德和真理的教师。"教师呈现给学生的不仅是本学科的专业知识，还包括其全部的人格。一方面，教师要积极探索和改进教育教学方法，通过科学的教学理念、有效的教学方法和现代化的教学工具，把学科知识转化为学生能接受、愿探究的情境化学科任务，引导和驱动学生在寻求答案的过程中获取学科知识和方法，形成学科化思维，从而实现学科知识和能力的代际传承；另一方面，教师的价值定位不只是知识的传递者和技能的教学者，还应通过其专业化和创造性劳动，把蕴含在学科知识与技能中的价值观念、道德情感转化成学生的精神内存，把人类优秀的精神财富、中华民族正确的价值观念转化成学生提升精神、健全人格、陶冶情感、树立价值的不竭动力，不断点燃学生对真善美的向往，引导学生立鸿鹄志、做奋斗者，把爱国情、强国志、报国行融入新时代的追梦征程中，在报效祖国的系列行动中实现人生价值。教师在教书育人过程中要始终坚持"教育自觉"大方向，自觉实践、反思、学习、创新，以满足不同学生内在发展的需求，促进每个学生的最好发展。

为家庭教育提供指导和服务，有效降低与防范家庭教育中可能存在的各种风险，学校义不容辞。作为专业的教育机构，学校在把握学生发展规律和教育规律方面具有独特优势，可以在家庭教育的价值观念引领方面起指导作用。学校代表国家履行教育主权和社会责任，教师要及时为家长提供家庭教育理念、知识和方法等方面的帮助，和家长一起研究并解决学生成长过程中遇到的各种问题，共同办好对国家、民族、未来负责任的教育。

教研员的服务对象较之普通教师则更为复杂，主要包括教育行政部门、中小学校、教师、学生等。2019年，教育部印发实施的《关于加强和改进新时代基础教育教研工作的意见》中指出，新时代教研员的主要任务是做好四个服务：服务学校、服务教师、服务学生、服务教育管理。服务学校就是做好学校教育教学的服务者；服务教师就是做好教师专业成长的服务者；服务学生是指做好学生全面发展的服务者；服务教育管理是指做好为教育科学决策提供支持的服务者。

教研员是教学研究的实践者和组织者。教研员工作虽然不直接面对学生，但最终目标是培养人的实践活动。在我国，绝大部分教研员都是在长期的学科教育教学实践和研究中成长起来的，逐渐积累了大量有益的教育教学经验，并且储备了较为扎实的教育理论知识，因而对于课程和教学改革中出现的问题具有很强的敏感性以及独到的见解。具体而言，教研员对于学校教师的专业指导，主要体现在对教研活动的指导上。教研员针对本区域学校内部的教学工作，如教学常规管理、校本教研和教师的教学活动等进行检查、诊断、评估、指导与建议等，再以文本或口头的形式，向学校教学管理职能部门、领导以及教师个人客观地反馈视导结果，并提出改进教学工作的意见和建议。教学视导工作的开展，有助于教学常规要求的落实，能有效提升教研组、备课组的校本教研、集体备课质量，有力促进教师课堂教学行为的改进和提升，提高学生的学习效果，从而达到提高教育教学质量、促进教师专业化发展、提升区域教育整体质量的目标。教研员对教学和教学管理活动开展调研、检查、督导与指导，针对教学中存在的突出共性问题，提出合理化的意见和建议，同时给予更多的激励和帮助，以扬长补短，改正缺点，有利于学校总结经验做法，不断更新教学理念，构建和谐的育人环境，激发学校的办学活力。

教研员是课程改革的引领者。自20世纪80年代以来，课程改革一直是我国基础教育改革的主旋律，教研员充当着唱响主旋律的指挥角色。从最初注重"双基"教学，到提倡"三维目标"，再到发展学生"核心素养"，国家每一轮课程改革都对教研员能力提出新的要求，这就要求教研员应具有高屋建瓴的独到视角和对课改理念的深度把握，才能起到对课程改革的引领作用。教研员要引领国家课程的校本化实施，帮助教师深入理解课程标准，准确把握课程教材的育人价值，同时引领地方课程和校本课程建设，建立优质课程资源共享机制，帮助学校根据自身实际开发、实施特色课程，提高课程建设能力。此外，要有意识地将现代信息技术，如大数据、虚拟现实等应用于课程资源的开发和整合中，使课程开发充分体现新时代的信息化特征。

三、教师与教研员的话语体系的差异

教研工作是一个长期建构的工程，需要不断调整与传承、沉淀与提炼。我们只有做根本性的革新与转向，才能促进教研有力生长，最终呈现区域教研的优势。

在区域教研活动中，教研员往往是作为专家对教师进行要求式的指导，而教师也是习惯性作为顺从者按照教研建议落实。比如教研员往往会说："这样的设计是不恰当的,你们应该怎么做,不应该怎么做……",而教师也是自愿地、习惯性地去听从教研员的建议,并不深度地、理性地去思考该建议是否适用自身的教学能力,是否满足学校的教学要求,是否符合班级的学情情况,这样长此以往就达不到真正的有效沟通,只是简单地上传下达。

而现在,在新时代教研的构建中,更需要教师凭借自己的实践经验和智慧,做出自主的判断与选择,以一个积极主动的行动者来实现专业化成长。教师是立教之本、兴教之源,只有具有教育自觉的教师团队,才能担当起新时代基础教育事业高质量发展的重任。建设一支有教育自觉的教师团队是一项庞大的系统工程,需要持续发力,常抓不懈。"行是知之始,知是行之成",教育自觉是对自身专业发展状况的清晰体认,是教师专业发展的终极目标,是教师专业发展的源动力。教育自觉源自教师对所从事的教育活动及其育人价值的深刻认知,是一种职业认同和积极行动。实现教育自觉,教师要有眼力、定力、活力、魄力。首先,要有为人师表、服务学生、乐于奉献、社会责任等意识;其次,要具有高度的教师职业精神,要拥有学校大局观、整体育人观、协同工作观等,爱岗敬业、廉洁从教、团结协作,注重整体的力量和集体的智慧;再次,要有专业的职业技能,以培养学生核心素养为导向,具备学科专业素质和教育理论素养,形成较强的组织管理能力、交流沟通能力和团队协作能力。教师要养成持续反思的习惯,经常回顾教学现象,找出各个环节中存在的问题,分析原因并提出策略,用于对教学进行重新设计。教师要深入反思自己的教学起点和终点,比较自己与名师、专家在整个教学设计、教学实施中的异同和差距,不断修正自己的教学行为,提高自己的研究素养。

教研员在区域教研中起关键作用,处理多重复杂事务。教研员既要进行教学研究、考试研究、组织开展教师培训,也要指导教学改革、监控教学质量,还要研究课程政策、开发校本课程。正因如此,大多数教研员在承担教研工作后与课堂、学生逐渐疏离,讲话内容更多是对教学的审视与匡正,是从经验积累的角度进行教育研究,导致教研工作缺少针对性、适切性和有效性。比如教研员会说:"某某学校采用……的方式比较好,我们老师也可以这样做。"但是在学校的教研活动中更多的是:"我们班的孩子进度不能快,一快就接受不了""我们班的优生还不具备上台讲题的能力"。可以看出两者典型的区别在于:平时组内的教研活动是对课堂、学生的关注,而区域教研活动更多的是对教师发展的关注。此外,区域教研活动更多的是教研经验的分享和指导,因此氛围会比较拘谨和严肃,话语会更具专业性和理论性。而平时的学校教研侧重课堂实践的描述和运用,氛围更轻松自然,话语也更具操作性和描述性。教研员与教师话语体系的差别本质上来源于身份的不同,对自身角色认知的偏差。教研员和一线教师的对话，应建立在参与主体平等尊重的对话关系上，形成彼此开放、积极建构的对话过程，从而实现彼此理解、共同成长的对话目的。

教研员要树立终身学习的意识。要不断学习教育方针政策，确保自己的教研方向与党和国家的方针政策一致；要深入学习教育理论，用理论武装头脑，确保理论知识能指导复杂多变的教育实践；要大力研究教学方法和学生学习方法，多关注学生的学习，研究出一套适合本地学生学情的学习方法，指导学生运用学习方法提高学习质量；要广泛探讨现代教育技术，借助现代教育技术的优势，优化课堂结构，抓住现代教育技术便捷的特点，用以观察教师教学和衡量学生学习的效果。教研员应把握教育自觉大方向，坚持遵循教育规律、合乎办学实际、以人的健康成长和为社会培养有用之才为目标的师生共同的人生价值追求。

教研员要广泛参与课堂实践，进行专业引领。教研员要敢于打破只研不教、只说不做的现象，要能从备课开始，将自己所掌握的教育思想、理念、方法付诸教学实践，根据教学内容进行不同的课型课例展示，真正体现教研员的引领和示范作用，展现教研员的教学能力；要在熟练掌握听课、评课专业理论的基础上，合理使用评价量规，恰切地对听课、评课对象进行专业化点评，真正体现教研员的专业素养，体现教研员的引领能力。

教研员要多开展项目研究。教研员通过组建团队，开展广泛的调研，了解教育对象内在的发展需求，关注教学教研中的重点、难点和热点问题，关注教学教研领域经常性和共同性问题，建立以研究项目为核心的研究、实践、转换和追踪的机制，以专业的视角，站在理论的高度，对问题进行深入研究，得出创新性结论，提出合理化建议。

无论是普通教师还是教研员，都应不断提升教育自觉这一可持续的、强有力的内在力，不断在自我反思、自我调整、自我改变、自我提升中前行，深刻理解教育本质，主动提升专业素养，主动适应数字化时代，发展学生核心素养，发展臻美思维，提升科学素养和人文情怀。

第二章
教研转型的本然原则

第一节 实践性原则——区域教研的活动建设

一、实践性原则的内涵

实践是指主观见之于客观，是人能动地改造客观世界的物质活动。在技术理性发展极盛之时，普适的、确定的知识凌驾于实践之上。现代社会，对技术理性的反思则促进后现代知识观的兴起，与此同时，实践的内涵与价值得以重视。知识的发展与变革使得人们对实践的看法也发生相应的变化，从最初亚里士多德提出"实践"这一哲学概念，到马克思主义的实践观，再到现代人们对实践的重新理解，实践这一概念不断得到充实与完善，对教育教学实践也有着一定的影响。开展教研活动需要坚持实践性原则，将先进的教育理念与教师的教学实践紧密结合起来，通过实践—反思—再实践，最终实现教育自觉。

二、区域教研实践性原则的重要意义

区域教研如果要取得积极效果，有赖于活动内容与形式的吻合程度。内容、形式、效果的完美统一是我们的理想追求。在南通市直中学教研实践中，区域教研主要有教学展示、同课异构、教师沙龙等活动。通过活动，将教师成长中的"痛点"、教学中的某一个环节或场景等进行"切片式"研讨，这些教研形式很好地体现了实践性原则。

（一）有利于加强区域"教师专业共同体"建设

"专业共同体"的研究始于20世纪80年代，大部分强调将学校和机构作为教学改进的场所。霍德认为专业共同体是由具有共同理念的学校教师和管理者构成的学习者团队，他们持续探索、分享学习，并将学习成果应用于实践中，以不断改进教学实践，共同致力于促进学生学习的事业发展。路易丝·斯托尔等人在文献研究基础上指出，专业共同体是一个团队，成员在其中以一种持续、反思、合作、包容、关注学习、促进发展的方式分享和思考他们的实践，为一种共同的事业而展开。基于专业共同体的理念，如何在教研团队中形成此种文化是教研共同体有效开展教研的前提条件。

（二）有利于聚合教师的知识结构

合理的教师知识结构应该包括学科专业知识、普通文化知识、教育理论知识和实践性知识。其中，教育理论知识和实践性知识可以合称为教育知识。实践性知识也是教师知识结构的组成部分。从认识论的角度看，实践和认识之间存在着互动关系，认识指导实践行为，实践提升认识水平。人的实践行为必定受到某些知识的支配，或者说，是由知识所建构的。不存在无任何知识背景的实践行为。实践证明，当教师的学科专业、学科知识和普通文化知识达到一定标准时，决定教学效果的知识因素便是教育知识。而从教育知识对教师教学行为的作用方式看，直接支配教学行为的实践性知识，比间接影响教学行为的教育理论知识更具决定意义。再从教师知识结构中各类知识的复杂关系看，学科专业知识、一般文化知识需要和实践性知识相结合，才能提升学科知识的教学质量；教育理论知识与实践性知识相结合，教育理论知识的指导功能才能充分发挥。从这些方面来说，实践性知识是教师知识结构的核心要素，在教师知识结构中发挥着聚合作用。

（三）有利于推动区域教研高质量发展

现代社会是知识信息化的社会，传统的灌输式教育已经远远跟不上时代的步伐，只有把教育理论与教学实践相结合才能解决实际问题。教育是实践的艺术，也是在教学交往活动中处理与解决实际教学事件而产生的艺术。通过个人实践，才能了解教育现状，才能解决教育问题，并掌握成熟的教育教学技能。开展教研活动就是提供理论与实践相结合的平台，使教师在活动中被激活、唤醒，培育其自我选择、自我感悟和自我反思的意识，进而投身于更深入的课堂教学实践之中。

三、多路径加强区域教研活动建设

（一）区域教研活动建设存在的主要难点

一是迫于考试成绩评价的压力和教师间的竞争关系，教研组内的几个教师间缺乏互相帮助的真诚愿望，既不愿意将自己教学中的困难和问题提出来求助于大家，也不愿意将自己的体会和成功经验贡献给大家。在学校规定的校本教研活动中，只是进行统一教学进度、协调教学资源的使用等工作。

二是教师问题意识淡薄，教研活动内容空淡、肤浅。部分教师提出的问题只是一些肤浅的、分散的疑问，缺少核心问题的引领，这样的观摩和讨论难以引发大家的深刻反思和系统研究。

三是教研过程的主要环节存在缺失，不能满足教师的实际需要。区域教研活动的完整性基于教师实际需要，其中"设计"主要让教师参与教研主题、方式的确定，"互动和改进"则完全基于教师认识和实践的提升。在南通市直中学教研实践中，大部分教师认为是完整的，表示参与了教研活动的设计、互动以及后续改进，但也有一部分教师认为缺少活动设计、互动交流以及反思改进。而在参与区域教研实际活动调查中，参与活动前方案设计的教师占比少，还存在一部分表示"就是听听"的教师。因此，教研过程的完整性还不够，一方面缺少相应的教研环节，另一方面在每一个环节中缺少必要的教研工具。教研过程不能完全满足教师提升认识和改进实践的需要。

（二）加强区域教研活动建设的工作路径

一是开展区域内满足多学校需求的教研活动。区域教研使得原本只能在学校内进行的教研活动扩展至多个学校，增加了教研资源，有利于教研水平的提升。教育教学本质上是实践的，问题在实践中产生，经验和理论在实践中生成。对于学校来说，能够提高本校教学水平的实践性教研模式才是有价值的模式。可见，教研必须根植于学校教学需要，教研必须能够解决教学中的困惑及问题，才能调动广大教师参与活动的积极性，这是各个学校积极参与到区域教研中与其他学校通力协作的基础。教育的探索永无止境，南通市直中学虽然教育水平较高，但是距离教育要实现的目标也有一定距离。可以说，南通市直每所学校都面临着发展问题，在现有基础上得到更好发展形成学校自己的特色，是南通市直所有学校共同的心愿。因此，区域教研还可以把学校提升的问题作为教研的重点，通过教研使学校明确发展思路和发展方向。如此，在区域教研提出满足学校提升发展的教研课题时，自然会引起众多学校对教研的关注，促进其对教研活动的积极参与。由以上分析可以看出，无论是哪种教研活动，归根结底都要以满足学校的需求为前提，而学校需求更倾向于实践取向。也只有相关教研活动从根本上和学校的需求达成一致，才能使各个学校有共同参与区域教研活动的动力。

二是提升区域教研活动的时效性。区域学科教研共同体在教研活动中也应有相应的分工与合作。例如在听课过程中，参加听课的同学科教师对照课堂教学评价表，分工观察、记录有关指标落实情况，如教师主导作用发挥、学生参与度、课堂效果等指标。评课时大家有针对性评课、交流、汇总情况。这样，不仅帮助讲课教师详细、具体地了解自己课堂教学的优缺点，更重要的是，这种做法将全体听课教师都带进了真实的教学研究中，教师专业素质定会得到发展提升，进而真正实现教研的目标。

三是优化区域教研活动的组织模式。活动的主题要明确、活动的内容要丰富、要确定每次活动的主要发言人等等。就集体备课而言，从备课活动开展的形式、备哪些内容、准备解决什么问题、如何分析教材、如何确定教法等各个方面对备课组活动提出明确要求。而对备课组所开展的听课评课等活动，同样要提出确立听课的主题、评课围绕主题展开、多谈问题少捧场等各项要求，并要求对所有活动进行相关记录。对活动提出明确要求，可以有效保障活动不会流于形式，提高活动的质量。

四是强调教师在区域教研活动中的价值主体地位。教师是专业发展的主人，教师有专业发展的需要，教师参与教研活动的目的是满足自身专业发展的需要。实践性区域教研活动的目的就是更好地满足教师的需要。在与其他教师共同参与评价的过程中，教师在活动中自我反思，有利于提高课堂教学实效。可见，这种教研活动中，教师会毫无疑问地成为价值主体。

五是培养教师群体的教育自觉意识。张楚廷先生在《教育自觉与哲学自觉》一文提到，进入文明史以来，人类面临最重要的问题是"人是什么"。教育培养人，理应更加关注这一问题，并且在完成这一问题的探索中扮演重要的角色。自觉的教育工作者必定自觉地关注这一哲学问题，并且在教育实践过程中提升对人的理解。因而，教育自觉必然表现为一种哲学自觉。李宝斌先生在《教育自觉的迷失与复归》一文中提出，教育自觉是一种朝着发展人、提升人的教育终极目标积极主动、心甘情愿地行动和思维的教育品质。陈桂生先生曾言道："教育作为一种自觉的有目的的活动，客观上要求教育工作者具有参与教育活动的自觉。"教育自觉背后是教师对教育事业的执着与自信，教育自觉的养成为教师群体坚定教育信仰、提升教育水准、优化教育品质创造可能。教师的职业与专业成长受自身知识积累与外在教育环境的影响，这使得教师的教育自觉养成需要教师自身主动提升，以及入职学校和教育主管部门等教育力量的引导与帮助。

第二节 协同性原则——区域教研的机制建设

一、区域协同性原则的内涵

我们可以从区域论、协同学理论和场域理论的视角来界定区域协同性原则。

从区域论看,区域由大量的子场域组成,这些子场域本身有某些方面的共性,也面临着共同的发展难题,这就构成协同发展的前提。协同学思想的提出者德国科学家赫尔曼·哈肯认为,一个系统内的各个子系统如果不能很好协同,甚至互相抵触,必然呈现凌乱状态,发挥不出整体性功能而最终瓦解。反之,各子系统如果能做到很好地配合、协同,多种力量就能聚集成一个总力量,形成超越原各自功能总和的新功能。协同学理论表明各系统的整体功能要大于部分功能之和。哈根所指的系统协同理论与布迪厄提出的场域之间的协调具有一致性。通过多场域协调、信息汇聚、深度互动、合作建构、集体思维等方法、策略去影响每一个子系统,以实现各系统之间的协同。

因此,可以将协同性原则定义为:在区域教研部门引领下,由学校内的教师、学校间的教师组成的,通过整合区域内资源,在遵循平等参与、分工协作、互惠互利的基础上,以学校间、教师间的协同为途径,以教学中存在的现实问题为选题范围,通过规范教研步骤收获教研成果,并将成果运用到实际课堂教学中,旨在促进教师教学水平提高、学生发展和区域内教研水平显著提升的原则。

二、区域协同教研的价值和策略

遵循协同性原则,能够给区域教研活动的开展带来诸多价值。

第一,加强教研协同性能够打破壁垒。基于校情和校际教育管理模式的差异,各校教研活动的开展往往具有相对独立性,缺乏规范化、体系化和常态化的实施环节,这导致区域教研活动存在隐形交流壁垒。在推进市直学校教研一体化进程中,各校教师虽然面对不同的授课对象,但都承担着立德树人的教育重任,因此打破这一隐形交流壁垒势在必行。

第二,加强教研协同性能够实现教师之间的优势互补。个人由于受到文化水平、知识量度、社会阅历、视野广度等因素的影响,其理性认知能力是有限的,教师也是如此。教书育人是一项不断发展的事业,教师在研究教育现象时有时难以概知其全貌。鉴于此,加强教研协同性能够使教师在活动中交流互鉴、资源共享、优势互补,从而提升教学能力和职业素养。

第三，加强教研协同性能够提高教师个人的工作效率。活动的开展，可以为一线教师提供学科最前沿的信息，从而节省教师的时间和精力，还可以帮助一线教师准确把握课程的重点难点，引导其解决实际理论和方法上的问题，更可以分析在教学方面的共性问题，探究出普遍适用的解决方法。

第四，加强教研协同性能够增强教育自觉发生的可能性。协同教研能够促使教师提升对教育实践的方向、方法的自我把握和调控的能力，自觉遵循教育规律，在寻求合适路径和方法的过程中达成教育目的。

在协同性原则下的区域教研实施过程中，为更好发挥其对学生发展、教学变革和教师发展的影响力，需要秉持以下策略。

（一）合作与竞争相统一策略

合作与竞争是促进区域协同教研常态化发展的两种途径。参与者为了解决共同的教学难题，建立起一种合作关系，解决难题是协同教研的基本任务和共同目标，即实施有效的教研。在共同目标的驱动下，参与者共同研讨、备课、评价和反馈，致力于解决实际教学问题。合作对于区域内整体教研能力的提升意义重大。同时，也形成了一种竞争状态，教师在自身专业发展内在驱动力和评优机制的外部刺激之下，教研热情将会得到极大激发。区域协同教研将形成一种学校间、教师间相互竞争的形态。竞争对教师自身素质的提升也是大有裨益的。因此，合作与竞争统一原则贯穿始终。

（二）求同存异策略

在协同性原则下，区域教研是一个异质互补、同质共进的过程，即教研活动中的每位教师在同质的基础上共享成果、共同进步，在异质的情境中互相学习、相互吸引、默契配合。同质主要包括共同的教学难题、共同的目标、共有的理解等。异质则主要包括生活经历、教学习惯的差异等。遵循协同性原则强调共享和分享，这是进行区域协同教研的基础。缺乏共同的价值导向、相似的理解以及愿意分享的意愿，协同教研是很难实施的。但强调共享并不意味着追求"同质化"，恰恰相反，虽然要有"求其友声"的考量，更为核心的价值应当是通过不同观念的碰撞、不同智慧的交锋以及知识互补的过程，克服同质化的局限，即差异与异质性为协同教研提供了更多的资源和学习交流的机会。这种对异质性的理解和尊重，会为产生更为精彩的成果创造良好环境。

（三）聚合多重目策略

一方面，区域协同教研的目的是凝聚区域内每个学校的教研目的，是对所有目的的统筹把握，不是针对某一单一目的的离散设计。另一方面，区域协同教研的目的在于促进师生发展以及教学变革的有机聚合，而非单一目的的离散。协同教研的核心旨趣在于如何实现教与学的有机转化。教研过程中忽视"转化"这一根本任务，仅停留于表面的听报告、做笔记，很容易偏离协同教研的真正目的。很多教研活动中，教师之所以普遍反映"听课时觉得很有道理，做起来还是老样子"，很大程度上反映出教研目的离散、为教研而教研的弊端。概言之，失去了对教研目的的聚合式把握，实际上降低了协同教研的实效。

三、区域协同教研的现实问题和机制构建

结合当前南通市直学校的教研活动建设实际，我们发现如下问题亟待解决。

一是区域协同教研还缺乏教育行政主管部门的有力支持，相关政策措施还未就位。

二是教研活动组织的封闭性、僵化等问题突出，未能在区域内、各主体间形成有效的联动。

三是教研活动组织规范性不足，一些活动流于形式，教研效果甚微。突出表现在，某些活动临时确定教研主题、临时决定主讲人；主讲教师有任务，普通教师没任务，或任务不明确；教师教研准备、研讨以及反思时间不足；只对主讲教师教研检查，忽略对其他教师的检查，使得参与者存在着观众心态，应付了事等现象。

四是教研活动开展较多，教研成果较少。许多学校开展了大量的教研活动，但是活动结束后并没有形成教研成果，教研实效没有得到提升。

基于上述问题，迫切需要建立相应的体制机制来推进区域协同教研，这一机制应当关注共建共享、关注效益、关注可持续，既发挥市级教育主管部门的资源调控作用，又同时兼顾本土教研建设特色定位。主要包括政策调控机制、管理服务机制、规范标准机制、质量监控机制、激励机制等五方面，有机结合，互为补充。

1. 政策调控机制

为了避免资源重复开发造成人力、物力和财力的浪费，应制定政策调控机制，鼓励教研人员、学校和教师积极参与到区域教研协同中。该机制主要针对区域内教育行政部门，充分利用政策、法规、行政等手段，对影响教研协同的主要因素进行调节和控制，从而优化区域内资源配置，建立和谐稳定的资源共建共享生态。如南通市教育行政部门结合南通市直教育发展规划，配套建立区域协同教研发展和共享机制；协调教研建设内容和发展方式，避免重复建设和无序建设；建立统一的资源管理平台，明确建设规范和进程，订立评价标准；制定政策鼓励学校和教师自主开发优质资源，提高资源共建共享的积极性等。

2. 管理服务机制

为了实现教研资源规范化管理，提供便捷可持续的服务，应制定相应的管理服务机制，其主要措施包括专家导师制、教研资源共建共享制、优质活动小组推广制等。例如：定期组织专家学者开展专题讲座；区域内教研人员、一线教师共建共享教研资源，对原创资源作者颁发"原创资源证明"，对资源进行统一管理和使用；对质量高、评价好的教研小组的活动进行定期观摩、推广。

3. 规范标准机制

协同教研活动的规范化、常态化发展离不开规范化标准的制定和实施。一要明确教研活动的主题与任务，要给予每位教师明确的任务。任务要具体，每次教研活动需要做什么，做到什么程度，都要有具体、明确的要求。二要明确教研时间安排与纪律要求。要在教研活动前就安排好活动准备时间、集体活动时间以及活动总结时间。这样既不增加教师的负担，又能使教研活动的时间得到落实。三是要落实检查与教研成果。要对参加教研活动的教师的教研情况进行检查，检查其是否完成教研工作，是否认真准备、参加教研活动。参与教研活动的教师要总结每次教研活动的经验，进行集体交流，汇总成教研成果。通过明确协同教研活动的基本规范，可在一定程度上改变教研活动的随意性、低效性，使协同教研的价值得到最大程度的彰显。

4. 质量监控机制

区域共享是建立在优质的基础之上的，优质的活动和资源才有推广和应用的必要性。为了从源头上保证活动的有效和资源的质量，应制定准入机制和资源评价机制。准入机制分两条主线实施：一个是针对教研活动开发主体进行的，建立核心教研小组评审制度，每两年评审一次，颁发聘书；另一个是针对所开发的教研资源质量进行的，对教研资源制定准入机制，即所开发的资源必须达到一定的标准和条件，严格控制共享资源的质量。

5. 激励表彰机制

为鼓励一线教师积极参与到区域教研协同中，在制定和实施上述调控、监管机制的同时，也应该建立激励表彰机制。主要包括原创资源录用机制和教研小组定期表彰奖励机制：原创资源录用机制是一套完整的资源管理监控体系，包括原创资源的投稿即录用流程、精品资源评审标准等环节，对原创资源个人颁发相应证明，对于经过长期教学实践检验、作用显著的优质资源颁发原创精品资源荣誉证书。教研小组定期表彰奖励机制，基于"项目驱动、专家引领、协同管理"的运作体系，对优秀教师个人、团队实行定期表彰。

第三节　系统性原则——区域教研的制度建设

一、系统性原则的内涵

　　教育教学所面对的不是一个部分或阶段，而是一个完整的系统——涉及学生、教师、家庭、社会的各个方面，涵盖课程、课标、教材、课堂、评价等诸多范畴。这决定教研工作也必然是一项系统性工程，除部门间的互动外，还需整体性的规划和前瞻性的设计；除关注教学理念、育人效果外，还应关注方法过程、时代发展等。教研部门能形成并提供丰富科学的教研主题阶梯和体系，基层学校能清楚自身存在的教学需求和问题，并建立起确保教研持续推进的保障机制，才有利于循序渐进地推动层次清晰、主题突出、系统优化的区域教研活动的开展。

　　区域教研系统性是指在区域教育行政管理部门领导下，教研机构整合教研资源，教研主体基于某个教研主题或问题，采取主题或项目教研等活动方式，建立合作、互动、共生的研修共同体，协同开展教育教学实践案例研究，以实现教研主体"共生发展"的教研模式。区域教研系统性是问题解决机制下推动区域教学改革、促进学科特色发展和提升教师专业能力的一种教研方式，是适应新时代课程改革的教研新形态，是基于共生理论构建的新时代基础教育教研工作新体系。该系统由协同教研的共生单元、共生模式、共生环境等要素构成。协同教研的共生单元指向教研主体的合作共建，即教研人员之间、教研组织之间以及教研人员与教研组织间的合作互动；协同教研的共生模式指向教研主体在教研活动中形成的信息交流与能量互换样态，是开展协同教研的行动指南；协同教研的共生环境指向由不同教研主体、教研主题、教研方式等形成的教研场所，以及所创设出的共建共享的教研文化生态等。

　　区域教研系统性是一个涉及多主体、多因素、多环节的系统变革和整合过程。它是对区域教育管理活动中所有要素进行的相互关联、相互协同的变革，既受到区域教育发展现状、体制机制的制约，又与区域教育各利益主体的理念和行为相关，还可能与区域政治经济文化等因素相互作用。推进区域教研系统性原则的制度建设，往往涉及多个组织机构职责、多种政策配套、多方利益调整，这一过程有时甚至超出了区域教育系统内部人员的控制能力，受到区域教育系统之外各种力量的影响。所以，坚持系统性原则，系统分析，全面推进，才能有效推动区域教育管理的现代性变革。

二、系统性原则的依据与意义

（一）系统性原则的理论依据

系统性原则就是要求研究者在当前教育科研活动中运用系统的和发展变化的观点来分析问题、处理问题，以提高研究结论的科学性水平；要求研究者在教育活动内外、在各种因素的普遍联系中来探索规律，并充分认识研究活动各个方面、各个环节在工作中的相互关系，优化研究活动的各种因素，追求研究活动的整体功能。

2019年，教育部发布了《关于加强和改进新时代基础教育教研工作的意见》（以下称《意见》），为新时代基础教育教研系统建设勾勒出新格局。《意见》指出：进入新时代，面对发展素质教育、全面提高基础教育质量的新形势、新任务、新要求，教研工作还存在机构体系不完善、教研队伍不健全、教研方式不科学、条件保障不到位等问题，急需加以解决。因此，更新教研理念，创新教研机制，优化教研方式成为教研转型的时代主题。教研转型是深化课程改革、推进教育教学实践的必然要求。随着学习型组织建设，大数据、智能网络技术的发展，涌现出共同体教研、联盟教研、"智慧＋"教研等教研新形式，打破了学校藩篱、学科壁垒，使教师的参与面和教研活动主题等得以扩展。区别于传统的单向式、经验化的教研模式，新兴的交流式、帮扶式、结对式、共享式的协同教研创新了教研工作机制，跨学科、跨学校、跨区域的协同教研拓展了教研工作范畴，协同教研的深远影响和独特内涵倒逼着教研形态完善与创新。

（二）坚持系统性原则的现实意义

基础教育教研制度是具有中国特色、富有生命力的教师职后专业发展制度，是基础教育质量的专业保障制度，在地区推进课程改革、指导教学实践、促进教师发展、服务教育决策等方面发挥着不可替代的专业作用。近年来，随着我国基础教育课程改革不断深化，育人为本导向的课程实施和核心素养导向的课堂教学成为必然，教师和学校面临诸多新的挑战，亟须专业支持。原来以听评课为主的"调研"、以教材教法分析和研究课为主的"教研"、以命题为主的"考研"都需要系统化转型。

由于区域教学研究力求更整体地掌握区域教学与地区经济社会发展的实际，所以首先应该视区域教学为一系统，并且是作为区域教育这一母体系的有机的子系统。其次，地方基础教育研究本身必然是一个系统工程。这两点在当前众多的地方基础教育研究成果中均有反映。

区域教研要想真正发挥作用，促进师生发展，必须是系统化、可持续的教研。有效的区域教研是有目标、有体系、有规划、有步骤、系统性的、持续性的教研。它是理论指导下的应用研究，既注重切实解决课堂教学中的实际问题，又注重反思、归纳、概括、总结和提升。它既是一种学校制度和实践方式，更是一种学校和教师的研究方式和生存方式。它是教师与新课程的对话、教师与问题的对话、教师与自身的对话、教师与教师的对话、教师与学生的对话、教师与信息技术的对话等。协作、连接、反思是有效校本教研存在的方式，计算机、网络是有效校本教研开展的有力支撑，系统化、可持续是有效区域教研的保障。

区域系统教研理念打破了"自在"教研的藩篱，搭建起群体协作的平台，促进教师个体价值的群体实现。其一，促进群体参与。如2022—2023学年组织的大中小学思政一体化育人教研活动、新课标研读学习、教学评一致性专题研讨活动等。其二，激发群体探究。有序组织推动群体参与，积极参与激发群体探究。以大中小学思政一体化育人教研活动为例，以贴合学生生活的情境探究，搭建思政课程螺旋上升的有效平台，促进学生的知识迁移与价值塑造。基于区域系统教研理念，从教学设计、课程衔接、课标解读、素养养成等角度对课程进行深入探究，以实现"共研"目标。其三，塑造群体观念。区域系统教研理念进一步影响教师的群体观念，使其意识到学习共同体的重要价值，在教学中渗透小组合作，组织共同探究，重视倾听，聚焦群概念，发挥群价值。

三、坚持系统性原则加强区域教研的措施

（一）加强区域教研参与主体的系统性

高中之间的差距导致了不同层次的校本教学水平和效率的差异。这也使得农村学校和城市薄弱学校不得不探索自己的生存发展之路。第一，是几个弱小学校为共享资源而建立的"教研联合舰队"，弱者变强者；第二，同一地区的学校强弱分明，相辅相成。因此，要自愿建立"城市联合学校"，共同开展教研活动，优势互补。在合作过程中，这些学校要坚持"统一安排、联合实施、分工协作、资源共享、荣辱与共"的工作原则，采取"校本指导、校长落实、教师落实、联合研究、集中反馈、依次递进"的工作流程。

在各县区、学校的日常教育教学中，由于竞争机制的存在，县区、学校间的教研竞争大于合作，教研活动具有明显的排他性、区域性，导致教研合力难以形成，学校间优势不能互补，教研资源重复浪费。我们必须打开思维，走向一线教师群体。组建学校发展联盟是破解市县"各自为战"局面、优化教育资源配置、放大优质资源辐射

半径的有效途径,有利于实现教育资源共享互补、教育教学联动互助、教研成果交流互通。应当由一所优质学校牵头,联合县区典型学校组成学校发展联盟,在尊重各成员学校办学自主权的基础上,充分发挥优质学校在日常管理、制度建设、师资配置等方面已有的优势和经验,移植、辐射到薄弱学校,通过校长沙龙、联盟论坛、学科拓展合作等形式,不断提升教育教学水平;通过教研协作、校本培训等方式,促进教师的专业发展,解决教师数量不足的结构性矛盾。

(二)引领市直教师开展系统性反思

引领教师开展系统反思,主要包括自我反思、互动反思、集体反思和多维反思等,切实提高一线教师解决教学实际问题的能力,为提升不同发展层级和发展阶段的教师的专业素养和促进学科发展奠定坚实基础。第一,聚焦教学的自我反思。包括对教学理念、过程、教法、学法等的反思。反思能调整教学行为,总结教学经验,提高教学效果。探索"初始教学设计→集体备课反思→初课反思→次课反思→改进后再设计"的课例反思模式,以不断提高教学水平。第二,聚焦评课的互动反思。观课、评课是实施互动反思的主要途径,教师通过观察他人的课堂教学,和参与者共同探讨,发现课堂亮点与教育机智、分享成功经验、提出改进意见与建议,切实实施互动反思。在观课过程中要求学员必须带着问题去观摩、思考,明确各自的课堂观察点,在评课时坦诚交流。第三,聚焦区域教研的集体反思。区域教研的开展情况是教师反思的重要内容之一,切实发挥教研专区作用,创设群体教研生态,通过学校教研组与共进社学员的集体反思研讨,提高教师教学水平。实验校实施"问题→学习→研讨"的校本教研反思模式,通过反思教师的教学实践和学校科组建设现状,发挥新时代育师模式探索与实践反思、同伴互助与集体反思的交互作用。第四,聚焦赛事的多维反思。每年举办全市学科教学论文、教学设计、原创试题竞赛,每两年举办一次青年教师教学技能比赛。赛后反馈评比情况,并结合赛事活动中形成的教学设计、教学视频资源、原创试题、精品课程、教育教学论文集、案例集等丰富的教学资源进行经验交流总结,针对存在问题提出建议,撰写成文稿供全市直教师学习,以此推动教师进行多维度反思,促进教师专业成长。

(三)探索建设区域教研一体化支持系统

南通市直教研应当基于学生核心素养发展、教师课程育人能力提升,努力探索"全要素整合、全方位覆盖、多主体协同、多领域服务"的一体化教研支持系统。在教研中体现"理念内容—机制—评估"全要素,突显"跨学段纵向衔接、跨学科横向关联"的全方位教研覆盖,注重教研员、教师、教学干部和教研组长的多主体参与,围绕课程指导、教学研究、质量评价和资源建设提供多领域的专业服务，整体构建"大教研"的南通范式。

完善话语体系。一是让组长有话语权。组长是教研共同体的"关键人物"，在业务培训、学习方面享有优先权。把组长培养成该学科的业务专家，让组长具有专业话语权。同时，组长还享有学术评价权、人事建议权、自主研修权。在职称评定、优秀人才评选、优秀课及公开课选拔、绩效评价、干部任用评价、备课组人员配备、专业成长研修、工会活动等方面均享有参与权、评价权。二是平等话语关系。处理好教研共同体内的三种关系：学校行政领导与共同体成员的话语权平等关系、新手教师与成熟教师在观点表述上的平等关系，以及教师内部非正式小群体之间的平等关系。比如变常规教研任务布置为研究项目（话题）的形式，变组长主持活动为轮流主持，使集体教研由"组长的事"变成"大家的事"。三是营造学术氛围。教研共同体活动需要良好的学术氛围。要打造温馨备课室，座位布置成沙龙式的团坐形式，突出每位教师的主体地位，让教师"坐"得舒心；布置话筒、一体机及展示舞台，让教师"说"得舒服。学校每年免费为教师订阅杂志、购买图书，建立学科组小图书库，图书馆有学科组专用书架，定期举行读书交流活动，组织理论学习，提升教师"观念的水平"。同时，开展接地气的学术研究活动，听评课倡导"三问"："是什么"——行为现象表征层面；"为什么"——原因分析或理论依据寻找层面；"对吗"——行为价值判断层面。"讲真话，不恭维，提建议"，以推动"实话"风气的形成。学理论重点选择教师关注、能及时转化为"教学能力"的理论。做课题倡导"问题导向"，树立问题即课题的观念，大力开展微型课题研究，目前各共同体均做到了"组组有课题，人人在研究"。

（四）搭建网络平台，完善教研时空系统性

教研共同体的教师、教研员和专家都是教研的参与主体。他们通过网络虚拟平台发表自己的见解，使教研主体间跨层级、多向度交互沟通成为现实。网络平台去中心化的特点，让教师有机会以多种角色参与教研，甚至教师们可以自发发起教研活动，提升教师参与教研的深度和广度。而教研员和专家分别从引导者和观察者角度感知教研内容，帮助教师分析问题和解决问题。开放的参与主体可促使教师、教研员和专家从不同研讨角度出发，积极、主动地分享教学经验，为提炼解决问题的策略提供丰富的假设。通过互联网、大数据、各种交互平台等新技术与教研相互融合，为共同体成员学习、交流、共享和合作创设机会。例如，教研共同体成员可利用在线调查精准定位教研问题，通过交互平台深入剖析问题并设立教研主题，成员们在共同体平台随时上传自己的研究过程，与其他同伴交流和共享。将各种信息技术与教研内容和教研形

式进行深度融合，为成员们进行网络教研创设融合的教研环境。

　　传统的区域教研以集中教研为主，面对面开展研究，让每个教师都有发言的机会，便于教师吸收更多的专业知识。网络教研以现代信息技术为基础，给教师提供更多的话语权，达到教研共享和经验共享的目标。通过建立教师微信群，在微信群里交流沟通，发放前沿的教研信息和教育专家的讲座内容，引领教师学习讨论，带动教师在群里积极发言。在每次组织教学研讨活动时，可以先把活动安排和教研地址等信息发送到微信群里，让每个教师提前做好安排。活动结束后，将教研的全过程发放到微信群。网络强大的交互性给教师教研带来了便利。研究室在以后的工作中要逐步建立起教育资源库，将名师讲课案例、经典教学反思、名师个人档案等放入资源库中，区域内的教师可以自由选择时间进行学习和深造，还可以与名师进行网络沟通。

第三章
教研转型的应然路径

教研活动的开展必须改变传统的线性思维，以求真、求实的态度面向教学一线的真需求、真问题，做好真调查、真研究、真服务，立足学校、教师工作实际，深入推进教研转型和创新，破旧立新，推陈出新，用扎实的工作作风开启新时代教研新风，用自觉的教研教学行动为教育现代化助力。

第一节 教研员的使命自觉
——从面子到责任：变精英教研为大众研修

2019年11月20日，《教育部关于加强和改进新时代基础教育教研工作的意见》（以下简称《意见》）正式颁布，文件提出了教研工作的四项任务是，服务学校教育教学、服务教师专业成长、服务学生全面发展、服务教育管理决策。然而，对这四项任务进行细细分析就不难发现，服务学校、服务教师是教研员工作的重心所在。《意见》指出："市、县级教研机构要重心下移，深入学校、课堂、教师、学生之中，紧密联系教育教学一线实际开展研究，指导学校和教师加强校本教研，改进教育教学工作，形成在课程目标引领下的备、教、学、评一体化的教学格局。"可见，支持、参与和指导学校校本教研是基层教研员工作的重要任务。

近年来，随着新课程改革的深入，"自我反思、同伴互助、专业引领"成为广大校长和教师耳熟能详的话语。伴随着校本教研的推进，中小学教育科研在推动教育教学变革、促进教师专业发展、推动教育事业健康发展等方面的功能也日益得到彰显。中小学校发展需求的多元化、教师课程理念和教育观念的更新以及中小学教育科研功能的演变，使教育科研在理性与实践、高雅与大众等方面的冲突也越来越明显。我们要以新课改为契机，使中小学教改研究活动从以骨干教师为研究主体的"精英教研"走向"大众研修"。

所谓精英教研，指的是成立学校"名师工作室"，由特级教师或学科带头人任首席成员，吸收学校各级学科竞课一等奖获得者为成员。名师工作室以培养名师、改善课堂、引领辐射、锻造团队四大任务为目标，积极发现教师潜力，为教学骨干力量提供服务与帮助，使他们成长为县（市）乃至省内教学能手、学科带头人，甚至成长为特级教师。学校为名师工作室提供最优化的办公环境，如配齐各类教育教学书籍和报刊，以及提供充足教研经费、选派教师与全国名师零距离接触，学习先进理念和教学方法。打造优质课是名师工作室的主攻方向，名师工作室帮助每个成员在现有的基础上制订成长目标，并积极为他们实现专业目标争取机会，提供帮助，如推荐发表文章、推荐参加上级部门举办的优质课竞赛、争取科研课题立项等。

所谓大众研修，指的是依托各教研组开展常态教研活动，旨在解决教学实际问题，让不同年龄层次、学识基础、岗位和环境的教师获得不同的进步。大众研修重在帮助每一个教师解决教学面临的实际困惑，受到广大教师的欢迎。精英教研主要在教学骨干中开展，让他们"跳起来能摘到桃子"。精英教研在取得成效之后又反过来引领、影响、提升大众教研，促进校本教研实效的不断提升。

一、大众研修——让教研功能发生转化

中小学教育科研的发展始终存在精英和大众两种思维，从目前看，校本教研活动的推动，大众研修逐渐占据上风，使得中小学教育科研功能明显发生"三个转化"：在研究目标上，正在向推动教师队伍建设上转化；在研究过程中，正在向提高教师素质转化；在研究结果评价上，正在向促进教师专业发展方向转化。这种转化有利于充分发挥教育科研在人的发展中的作用，满足广大中小学教师的发展需求，让中小学教育科研真正回归教师的职业生活。教育科研功能的转化，客观上会引发中小学教育科研管理思路及方式的变革。

（一）唤醒教师对教育科研的"文化自觉"

文化自觉是指生活在既定文化中的人对其文化有自知之明，明白它的来历、形成过程、特色和发展趋势。而教师的文化自觉，在于教师能否自觉地把社会赋予的外部目标转变成内在需要，自觉地参与教育、研究教育，激发从事教育活动的创造力，使教育劳动成为教师的创造性活动。因此，在科研管理工作中应做到以下几点。

1. 改变教育科研部门"高居其上"的管理法则

变单纯自上而下"下项目"的行政管理方式为参与学校课题研究专业指导与建议，用科研自身魅力与成效引领学校的教育教学改革。同时改变教育科研评价方式与内容，实现由"功利化"转向"生态化"，营造良好的学校科研氛围。

2. 加强教育科研过程指导，帮助教师"专业进步"

加强教师教育科研立项的指导与帮助，通过专业引导、同伴互助、自我反思等方式，帮助每一位参与科研的教师厘清自身发展的文化处境以及发展现状、发展过程与发展目标，明确研究项目同改进教育实践、促进自身发展和实现生命价值的紧密联系。

3. 唤醒教师"主体自觉"，变被动参与为主动投入

当一项课题真正有助于教师的教学，必将会激起他对教育科研的热爱。给予教师成长的平台，拉近其与科研的距离，真正让科研植入教师的职业生涯中，使教师体验到内心敞亮，获得自我心灵的解放，成为真正的具有自我意识和充满生命希望的人。

（二）强调教师对教育科研的"亲身体验"

教育科研实施离不开教师研究活动的设计及组织。同时，有切身的体验才能去掉教育科研的神秘面纱，使广大教师亲近科研，在研究活动中促进教师发展。

1. 区域重大课题研究力求全员重点关注

在教育科研管理中，应切实转变目标考核式的过程管理方式，更加强调全体教师对教育科研的参与性及其参与效率。在重大教育科研项目任务分配时应扩大教师参与面，在课题研究的框架内设置若干教师感兴趣的、与日常教学联系紧密的专题式子课题，吸引全体教师参与到教育科研活动中来，并为他们的研究活动提供交流平台和专业保障。这样有助于教师了解最新研究方向，在参与过程中感受到研究的主体地位与取得成效时的成就感。

2. "小课题研究"力求全员参与其中

在课题管理上，应根据教师发展需求设置小专题，指导教师把课题研究和个人发展结合起来，利用教育科研反思自己已经习惯化的教学认识或教学技能，通过同伴交流、研讨等方式，反思自己辛勤的汗水和"成功的结果"得来的经验，完善、更新教育观念，提升专业素质。通过服务型制度的建设，引导教师主体生命的全程亲历和全情投入，在日常教学实践中践行研究成果，在成果验证中不断改进教育教学实践，在教育科研"亲身体验"中实现个人认识和能力上的超越。

（三）致力推动教研的"文化建设"

以往的教研活动注重个体某项教学经验的总结和交流，现在的教研更关注经验和

问题背后的理念和行为方式，换言之，关注的是这些经验怎样才能形成和重新形成，使学习和研究成为教师共同的职业生活方式，使教研组、学校成为学习型组织。因此，在中小学教育科研管理上，应逐步转变"项目推动"的行政化管理方式，通过管理制度和方式变革，推动学校教研文化建设，为每一位教师的发展营造良好的文化环境。首先，通过开展教师课例研究成果的收集和整理，形成教育教学课例库，供教师相互学习、借鉴，为教师共同发展创造平台。其次，通过创立适合教师群体研究的项目，努力将教研组、学科组打造成教师发展共同体，通过教师与自己对话、教师与教师对话、教师与学生对话，形成教师间相互学习、相互借鉴、相互促进的"对话的文化"。此外，通过学校发展专项研究，指导学校做好自身发展规划，培养教师的思维习惯、学习习惯和批判精神，集中全体教师的力量和智慧，将学校打造成学习型组织。

二、大众研修——让教师在智慧中成长

大众研修作为科学教研的突破口，为广大科学教师创建了一个在线平台，营造了一个学习环境，提供了一个工作生活的发展空间，使它成为教师终生学习的支点，成为教师的精神家园，成为教师不断提升的舞台。

（一）以"课例"为载体开展活动

实践性智慧是缄默的，它蕴含于教学实践过程中，难以形式化或通过他人的讲授获得，只能在具体实践中发展和完善。教师面对日渐深入的课程改革，需要有课例的专业引领，需要行为跟进的全过程反思。我们提出一课"三设计两反思"建议，规范"说、上、评"三课制度，设置由精品课（骨干教师执教）、教研课（围绕教研课题而设）、家常课三个不同层次组成的课堂教学研讨体系。精品课展示优秀教师的先进理念和精湛的教学艺术。教研课主题明确，采用集慧式备课，或一人上一课，众人研讨，或多人上一课，博采众长。家常课旨在提供"原汁原味"的课堂，发现课堂中潜在的真实问题，共同寻找研究点，共同商讨，共享经验，共享成果。

（二）以"互动"为形式组织专题

开展"大众研修"活动要让教师主动参与，内容应有针对性、有价值，要专题化、微格化。可以通过专题研讨和青年教师学习沙龙等形式开展相关活动。专题研讨，即利用骨干教师敏锐的学术眼光和较高的理论、实践水平，捕捉教学改革中的热点、难点问题，组织交流，接受教师的咨询。青年教师学习沙龙是每期一个专题，人人参与、互动研讨、集思广益，以平等的对话引起思维的碰撞，理念的升华。

（三）以"案例"为平台进行反思

现代教师培训应当确立"在实践中学"的思路，其中案例处于纽带中介的地位，它是教学理论的故乡、教学问题解决的源泉、教师专业成长的阶梯。开展课堂即时案例、教后记、教学随笔的撰写，"我的课堂故事"叙事性的教研反思交流，精品案例月评与汇编等活动，促使教师自觉反思，将教育理念与教学行为有机融合，不断增强教师的思考力、感悟力。

（四）以"课题"为先导进行研究

课题研究是促进教师进一步成长发展的必由之路，抱定"让每一位教师都具有科研素养"的管理宗旨，分类扶持，分层递进，依靠一批科研骨干，潜心研究带有联动效应的系列课题，以点带面，组织、带动所有的教师展开研究，做到校校有课题、人人有专题。

建好一个高地，让一部分人"先冒出来"。首先要选准培养对象；其次要落实扶持措施，如选派外出学习取经，聘请专家指导，落实结对指导活动，帮助总结经验，出版书刊，宣传推广科研成果等等。另外对一些成果突出、影响较大的教师更要精心包装，以使其产生更大的效应。

提升一个平台，让人人都能"冒出来"。具体可分三步走。第一步是"背着过河"。当科研骨干已有相当能力的时候，我们要求骨干教师通过结对方式，加强校际联系，吸收其他学校的教师到课题组来，进行手把手的全程示范、指导，促使他们在实践中进行研究。第二步是"扶着过河"。在完成第一步的基础上，我们要求骨干教师能够把自己的课题分解为若干个子课题，让结对成员承担研究任务。第三步是"摸索着过河"。在第一、二步的进程中，向结对成员介绍一些如何联系实际，寻找有价值的研究专题的经验，让他们自己从教学实践中寻找一些新问题，进行独立研究。

第二节　教研员的专业自觉
——从引领到实践：变经验教研为实证研究

区域教研员应该是所在地区一门学科的领导者、掌门人，主要角色功能是：带好一支队伍，建好一门学科，通过为本学科教师创设区域研训良好生态，为教师发展提供强有力的专业支持。教研员应该肩负起服务、指导、管理、研究、培训等职责。其中，研究是基础；服务既是与教师的一种关系定位，又是自下而上满足教师需求的一种工作过程；指导、培训是不同的服务方式；管理是另一种关系定位，是自上而下规范教师行为、跟踪教学质量的过程。教研员在多重关系中，有多重角色。教研员既是学科建设的领导者、教师专业发展的援助者，又是教育行政决策的参谋者。

新时期的教研员应该是具有国际课程视野的研究者，基于课程标准的教学指导者，基于课程标准进行评价的实践者，课程、教学与评价一致性的推进者，促进教师专业发展的引领者，专业与品质并重的优秀者。教研员面向教师的角色应该是课程与教学先进理念的宣传者与普及者、课程与教学改革的研究者与实践者、教师专业发展的引领者与指导者、教学优秀经验的发现者与传播者和教学研究的示范者与组织者。

教研员的专业素养应该是有厚实的学科底蕴、扎实的课堂教学能力，这是教研员入职的基本要求，也是当一名教研员的底线素养。具体包括三个方面：一是教研知识，如一次有效教研活动的基本结构与要素、不同发展阶段教师的成长需求与发展规律等；二是教研能力，如对学科改革发展的领导能力与服务能力，主要包括对本学科改革发展的规划引领能力，对学科课程与教学的研究能力，对教师课堂教学与校本教研活动的诊断与重构指导能力、对学科高效教研活动的策划与组织能力等；三是教研情感，如对教研员工作价值的认同态度、对教研岗位的热爱等。

一、从经验教研向证据教研转型的基本理念

为深入推进课程改革、落实立德树人根本任务，教研员的专业自觉是始终坚持以全面质量观为核心理念，用科研的方式做教研，用教研的思维做科研，引领教科研整体转型，实现从经验教研向证据教研转型，全面提高教育质量。全面质量观，就是围绕"质量中心"，调动教育全要素参与到教研中来，共同促进学生全面发展的一种教研指导理念。主要体现在以下三个方面：

（一）从学科指导到课程育人

曾经，我们的教研工作主要以学科教学指导为主，着力于深入课堂进行问诊把脉，并研讨评课，进而开出药方。这种教研理念，客观上保证了各学科教学的质量和水平，能够为广大教师提供切实有效且针对性强的教学建议，广大教师亦可"依葫芦画瓢"及时学以致用。但是，这种教研理念最大的缺陷在于，片面夸大了学科学习在学生发展中的作用，课程意识不强，最终难以提供具有系统性、结构性和教育性的发展环境。新时期教研工作应着力研究课程设计的原理与实施，以整体意义上的课程观念统领分科意义上的学科指导，帮助教研员树立课程意识，掌握课程设计的基本方法，对上衔接顶层设计，对下衔接课堂教学，始终做到在课程标准框架内开展学科教研，全面发挥课程育人的价值与作用。

（二）从分数指向到素养取向

千方百计提高学生考试分数，一直以来都是学科（特别是中考、高考学科）教师和教研员追求的共同目标，也是各级教育绩效考核的重要指标。但是，由此也直接导致如高分低能、创造力不强、操作能力弱、人格发展不健全等情况的出现。因此，在教研理念上，我们倡导从分数指向转到素养取向，以学生的核心素养发展为教研的根本目标，引导广大教师在教学中注重开发学生的多元智能，既要重视智育，也要重视德、体、美、劳等方面的教育，真正把全面质量转变为每一位学生的全面发展和健康成长。

（三）从经验之源到科学之法

一段时间，经验拥有着至高无上的地位。许多教研员，依据其多年积累的丰富的教学经验，常能一针见血地指出某堂课的优点或不足，也能入木三分地揭示某个问题的原因或症结所在。许多教师都由衷地钦佩教研员的睿智与高见，想"学"以致用，却无"门"可入。虚心讨教时，却发现有时候教研员也不知何以如此睿智。在教研工作中，我们常发现这样一种现象，即每当一位教研员退休后，新任教研员常难以延续该学科教研风格，且原有的一些特色活动也常失去往日的魅力。究其原因，在于过去的教研过度依赖教研员的个体经验，过度依赖经验基础上的顿悟与智慧，经验的历时性、情境性和局限性在根本上限制了经验的有效适用范围。因此，弥补经验之不足、倡导运用科学方法、探索教研标准就成为我们教研理念转型的基本方向。科学不以主观意志为转移，而以探究客观规律为根本要务。以科学的理念、科学的方法开展教研，就是要探索教研的客观规律，让教研有规可循、有法可依、有据可查，全面提高教研的有效性、针对性和持续性，以保障教研活动的规范化、标准化和现代化，实现区域教研从"基于经验的教研"向"基于事实和数据的教研"的根本性转变。

二、从经验教研向证据教研转型的基本路径

教师专业素养的基本理念是"学生为本、师德为先、能力为重、终身学习"。作为一名教研员，研究、指导、服务是基本职能，同时肩负提升教师专业能力的重任。现行教师培训大都是展示性、传授性的组织形式，一线教师的专业需求及其已有实践经验往往很少介入教研活动中，普遍缺乏双方之间的互动与建构。为此，专家所传授的理念、优秀教师所展示的技能，难以内化为基层教师的专业素养。如何设计满足一线教师需求的研修活动，改变研修活动低效的现状，是摆在我们面前的重要课题。

教师研修活动的设计要顺应成人学习者专业学习与能力发展的基本理念和实践

原则，一味地讲解、灌输并不能在教师心中激起更多的涟漪，只能是收效甚微。我们觉得在设计教师研修活动时，应遵循"贵在理念—巧在设计—赢在实践—成在后续"的原则。因此要满足一线教师的需求，尊重一线教师的已有经验，设计同伴研修的参与，把经验变成资源，在互动与建构中让教师获得深刻的专业体验。

（一）主题从现实问题中提取

教师学习必须具有明确的学习目的。研究表明，只有当学习活动能带来某种可以预期的积极结果时，才能唤起学习者的学习动机和积极参与。因此，研修活动必须针对教师的实际需求及学习条件进行设计，必须遵循成人学习的规律，从教学实践中寻找教师的真实问题，找到研修的起点和方向。

1. 寻找需求，把握教师的认知起点——调查研究

设计研修活动之前，不能凭着培训者的主观臆断，或者从擅长领域出发，应该做一个教师调研，了解大家共同的困惑和需求；或者辅以个别教师的访谈，捕捉交流中的细节，倾听教师的心声，从中提取问题。接下来对问题进行分类，哪些不足需要作理论讲座来弥补？哪些弱点需要做实践引领以丰富实战策略？哪些困惑需要换个呈现方式以刺激教师反思？理论讲座固然重要，研修实践体验更是不能缺少。一般来说，实践体验的活动不能低于50%。做研修方案不能一厢情愿，要通过调研寻找教师的需求，在满足需求的同时应积极引领教师的需求。

2. 满足需求，引领教师的专业发展——制订方案

对于校本教研活动设计，先通过问卷调研，然后归类整理教师的问题。例如，课程标准相关问题：内容领域中对核心概念内涵的把握，如何把新课标理念落实在教学过程中，让每个学生获得良好的教育？教学如何为儿童核心素养的养成做出贡献？学生相关问题：如何激发学生的兴趣、好奇心、求知欲？如何尊重学生差异，以学定教，培养学生发现问题和提出问题的能力？教材相关问题：对新教材的整体把握与实施，能不能分每一册进行辅导？如何整体把握教材，做到前后有照应？一般教学类问题：如何上好复习课、练习课？课堂上采用何种学习方式？如何把学生当作主人？教师退下来，退到什么程度？如何培养学生良好的学习习惯？客观需求分析：作为一名教师，对教学内容的整体把握是一项基本能力，即对"教什么"和"为什么教"的深入理解，是"怎么教"的基础和前提。

3. 引领需求，促进教师的自主发展——专业自觉

研究主题的确定来源于一线教师的困惑，研究方案的设计是在"寻找需求—满足需求—引领需求"的过程中逐步完善和丰富的。此方案中，聆听专家讲座和读书活动

交流，让一线教师在输入中成长。他们在吸收的同时，更加关注专家话语、理论对现实的指导意义。理论学习，能与实践巧妙对接，指导实践的走向，审视实践的是非，开阔视野，而视野决定着高度，高度决定着专业品位。教师在输入和输出中寻找平衡，输入让教师有高站位，输出让教师有实践智慧的获得。经历了这样的研修活动设计，能够让教师在模仿与借鉴中获得自主发展的能力，在专业发展的道路上从专业敏感到专业自觉，享受教师的职业幸福。

（二）智慧从研修实践中获得

教师专业发展的基础首先来自于教师自己的职业经验积累。因此，要充分尊重教师个体的实践经验，帮助教师积累、总结、提升教学实践性知识。因此，要突破师徒结对的模式，突破权威，突破一言堂，引领每位教师主动参与基于课例设计的互动研修活动。

1. 重视对课例的反思与积累

课例是一个真实的教学案例，是对课堂教学中含有问题或关键事件的教学过程的叙述及诠释。"课例研究"试图让教师学会有目标、有方法、规范地研究课堂教学的改进。以教师的个人经历、经验为起点，以教师群体的经验与智慧为修改点，以后续的课堂实践为终极追求点，这个过程体现了改变教师的行为需要连续的干预。

案例是理论话语系统和教师实践系统之间的桥梁。既能帮助一线教师在主题研究上有所突破，获得相关经验上的更新和方法上的改进，又能让教师在模拟情景中获得经验和技能，进而应变新情境下的各种状况。

2. 选择恰当的研修方式，更新视角

除了课例研究这个载体外，学生意识、教学目标制定、有效设问、学科整合，整体把握教材，从原来的以年级为单位到以学段为单位整体综合考虑知识的价值，这些都可以作为研究的主题。"同课异构""双师同堂""一课三上""课后访谈"都是很好的研修方式，能让教师在比较中获得深刻的专业体验。

教师的专业成长离不开学校这块土壤。为此，我们要充分发挥学校的引领作用，让研究氛围更浓厚。教研员要给教师搭设展示的平台，让他们走上对教学本质的研究之路。

3. 后续跟进，保证研修质量

改变教师的行为和理念必须提供跟进服务。后续跟进的方式包括主题跟进、人员跟进、学校跟进等。后续跟进还包括对已实践的活动进行条理化、逻辑化的梳理和效果的反馈。

设计活动时以课堂为资源、以教师为资源、以学生为资源，相互借鉴，个人反思与后续实践相结合，构建"互为资源的研修模式"，提升教师专业发展的自觉性、能动性、目标性、资源性、传递性，并通过后续研修和针对性的干预，形成良性循环的研修体系，以此满足教师发展的需求，全面提升教师的专业素养。

（三）教研从"经验型"走向"实证型"

随着社会科学研究的发展，教育教学研究范式已在发生变化。广大教研员"用证据支持教研"，不能光凭感觉、印象判断问题，要学习证据获得的方法，重视证据的积累，让教研从"经验型"走向"实证型"，使教研真正产生"教育生产力"。

1. 走进真实情境，规范研究方法

我们要推广基于实证的分析，就要改革教学调研模式，进行真实情境中的现场研究。教研员不能只是听课座谈后笼统地谈几点肯定，提若干建议，而要事先明确调研意图，认真设计调研工具，精心选择调研对象，完整保留实践证据，再基于实证进行讨论与分析。在调研过程中，研究人员要基于规范的程序与方法获得可靠的证据。

2. 辩证地收集材料、思考判断

实证研究强调通过科学客观、前后一致的方法，使研究结论更能经得起反复检验。因此，教研人员在撰写调研报告时必须尊重事实，保留重要的具体材料，重视观点与材料的有机结合。作为证明某种观点、结论的事实证据，其存在形态是丰富的，如文字、图像、数据、案例等。其中文字、图像等是最为具体的实证，它是真实教育过程的存留；数据是证据的常见表现形式。而案例不能简单地作为实证，我们要清楚其研究对象的代表性、研究过程的可信性、研究方法的科学性，以确保案例的真实有效。

第三节 教研员的活动自觉
——从一般到个别：变单一教研为菜单定制

新时代背景下，学生发展需求的多层次、多样化、多方面，学校发展的不平衡、不充分、特色化，要求教研部门必须坚持具体问题具体分析，提供更高质量、更有针对性、更具前瞻性的教研项目，推进区域教研"供给侧"结构性改革。因此，实行菜单式、定制式教研成为教研员的必然选项。

菜单式教研就是以教研员为主体，深入调研学校发展、教师教学中存在的难点和焦点，分类别、分层次、分时段设计教研选项，以菜单的形式确定教研主题。在目前的教学中，课标与教材研究、核心素养研究等是基础教育领域关注的热点，学情研究、课堂教学、中高考研究、教学评价、教师培训等是一线教学的长效焦点。由专业教研人员系统总结、分析，集中向学校教师提供支持，不仅有利于发挥教研员的专业优势，同时又能够为学校提供专业、专有的教研支撑。

定制式教研是以一线学校、学科、教师为主体，按需提供个性化教研方案的教研形式。先由学校或学科提供教学中自身无法解决的问题，或者由于力量不足无法进行充分研究的课题，然后教研员根据清单设计个性化教研方案。这样的"量身定做"既集中力量解决了学校薄弱点，又能提高教研员点对点指导的实效性。

一、菜单式区域教研范式

（一）"菜单"式教研

"菜单"式教研有效利用教研菜单，菜单问题取自教师，再回到教师中去。菜单式教研是以主题菜单的教研形式为前提，以教研共同体为依托，以实时网络信息为辅助平台，以参与、互动、高效为特征，建立从单一走向多元、从封闭走向开放的区域教研新范式。

（二）主要特点

1. 活动主体

田野式和草根化。菜单式教研着眼的是一线教师的实际需求，发动学科教师立足课堂前沿，研讨课堂教学行为，开发课程资源，进而获得专业发展、体验课堂文化，是一种应用研究。所谓"活动主体的田野式"，是指学校里发生的一切，教师发展需要的一切。所谓"活动主体的草根化"，是指要注重实践、群体参与、扎根本土、浸润有序。

2. 活动内容

预设性和生成性。菜单式教研主题的自主预设是教研活动的范围和方向，而当教研共同体的个性思维生成，教研活动就不能拘泥于预设的主题内容，而应尊重教研资源的生成。所谓"活动内容的预设性"，就是教研共同体按照菜单教研主题要求对研讨内容的系统设计，其核心内容是教师围绕新课标要求，认真分析学情和重构课程，在对以往教学行为做出深刻反思的基础上，对课堂教学过程的新规划。所谓"活动内容的生成性"，是指不是预先设计的，而是在菜单教研活动过程中，通过教研共同体互动，以及教研员和教学专家的引领，即时产生的教与学资源的利用。

3. 活动形式

灵活性和创新性。菜单式教研借助现代教育技术，打破了时空的限制，使得人人参与、发表意见成为可能。教师通过微信群、QQ群、钉钉、腾讯会议等发表自己的观点，提出个人在教学中遇到的困惑，由学校和教研员汇总整理后，以菜单形式返还给教研共同体，让大家共同研讨并给予解答。这充分体现了菜单教研的灵活性和创新性。菜单式教研范式结构如图1所示。

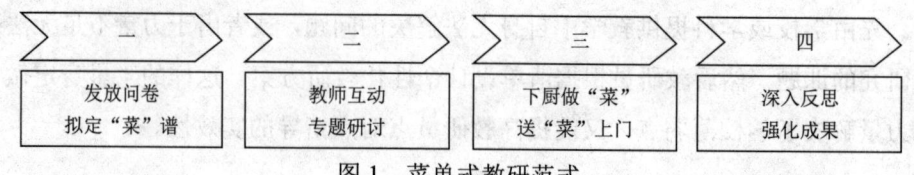

图1 菜单式教研范式

二、订单式区域教研范式

（一）订单式教研

订单式教研是一种利用订单实现需求上迁的教研方式。针对基层学校提出的需求订单，组织相关团队深入学校，通过调查诊断、教研活动、讲座培训、项目研究等形式，帮助基层学校解决教育教学中存在的问题或困难。

订单是由基层学校针对某一学科教师教学中需要深化的"点"提出的，也可以就学校整体教学层面出现的亟待解决的问题提出"面"的订单，根据订单制定服务方案，组织相关科室整体或学科团队有的放矢地入校开展教研活动。

（二）主要特点

1. 收集订单的科学性和计划性

做好订单管理工作，在分解任务前充分了解情况，通过分析把握完成订单的方向，科学确定，上迁教研的切入点。订单下发和收缴时间安排在每学期的期初和期末，将订单式教研活动列入学年工作中，有利于活动的开展。订单内容填写详细，特别是"问题表现"一栏。教研员准确把握学校需求，并在此基础上制订出较为科学的指导方案。

2. 诊断过程的平等性和翔实性

教研员以平等的心态与学校、教师、学生交流，明确自身的工作目的是要和教师形成学研共同体，共同提升、共同成长。教研员尽可能全面、真实地把握学校的现状，了解问题所在，明确学校的真正需求，做到有的放矢。

3. 指导过程的精准性与互动性

指导团队的组建有针对性。团队中除了有教研员、名师，还邀请与帮扶学校校情相似的学校骨干教师加入，使指导更有可借鉴性。教研内容的选择具有典型性，尽可能暴露学校在学科教学中存在的问题，然后通过以点带面、有的放矢的方式进行精准赋能，促进教师转变观念，提升课堂教学技艺，破解学科教学中存在的困难与问题。建构学研共同体，在教研过程中鼓励教师平等参与，通过"听课者与执教者""听课者与听课者""教师与学生""参与者与自己""教研员与一线教师"等多元对话互动，让教师在参与中获得收获，在互动中获得提升。

"订单"式教研范式结构如图2所示。

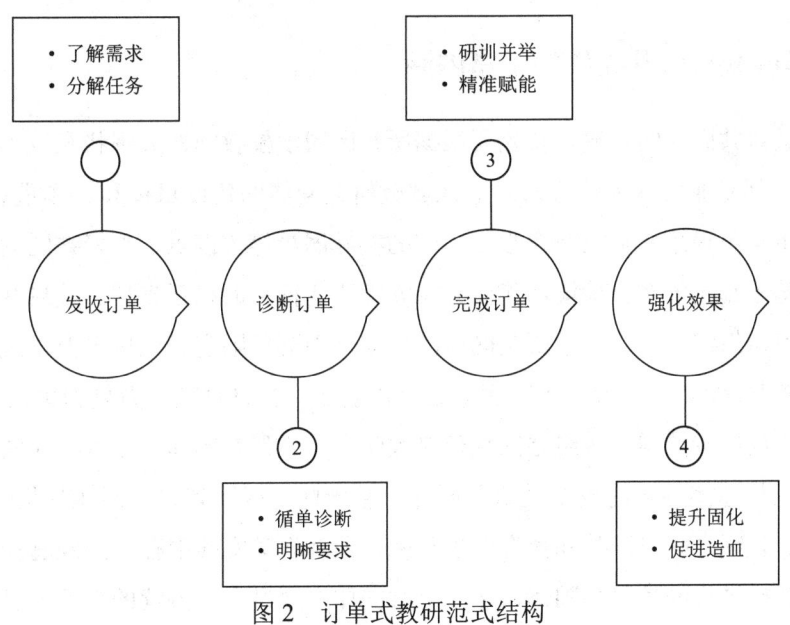

图2 订单式教研范式结构

第四节 区域教研的教育自觉
——从个体到群体：变指导监督为合力教研

在日常教育教学中，由于竞争机制的存在，区域学校间的教研竞争大于合作，教研活动具有明显的排他性、区域性，导致教研合力难以形成，学校间优势不能互补，教研资源重复浪费。我们必须打开思维，走向一线教师群体。组建学校发展联盟是破解区域"各自为战"局面、优化教育资源配置、放大优质资源辐射半径的有效途径，有利于实现教育资源共享互补、教育教学联动互助、教研成果交流互通。由一所优质学校牵头，联合区域典型学校组成学校发展联盟，在尊重各成员学校办学自主权的基础上，充分发挥优质学校在日常管理、制度建设、师资配置等方面已有的优势和经验，移植、辐射到薄弱学校，通过校长沙龙、联盟论坛、学科拓展合作等形式，不断提升教育教学水平；通过教研协作、校本培训等方式，促进教师的专业发展，解决教师数量不足的结构性矛盾。

当然，合作的意义不是将所有思想和资源简单地累加，而是通过创造力和执行力将这一合力实现几何倍数的增长，将较为分散的优质教育"一个点"连成优质资源共享"一条线"，形成以优带薄、以强促弱的"一张面"，盘活"一大片"的良性发展局面，进一步提升学校内涵发展，充分发挥优质教育资源的辐射带动作用，从而促进全区域教育优质均衡发展。

一、构建区域教研共同体的丰富内涵

区域教研共同体的构建，首先要根据所在区域学校教师发展现状及改革趋向，以基于促进教师专业发展为核心来确立区域教研共同体的建设目标和工作重点；其次，要围绕终生学习理念及解决教育教学面临的实际困难等关键点，本着共同的职业理想与信念，基于真实的教育情境，建立具有教师职业精神的相互支持、成果共享、责任共担的学习型组织。再次，教研共同体的设定范围既可限定于区域内办学规模、办学性质、师资力量相近的几所学校之间，也可以基于本校自身教学力量和育人环境开展；既可以在不同学校的同学科组之间构建"大学科"教研共同体，也可以在同学校的不同学科之间构建多元化的校本教研共同体。基于此，区域教研共同体是指学校之间、学科之间、教师之间出于共同教育改进目标，围绕教学实践中存在的问题构成一个密切联系、共同进步的学习共同体，在这个共同体中通过个人持续的教学反思及与团队的交互学习，实现教育理念、教学模式、跨学科专业知识的交流共享、创新转化，从而实现职业认同和专业发展。

二、构建促进教师专业发展的区域教研共同体实施策略

为促进教师专业发展、提升教育教学质量、促进学校及师生发展，同区域学校应加大教师专业发展共同体建设力度。区域教研共同体是片区学校教学活动中最基础的组织单元，是教师交流研讨教学问题、共享教学智慧、创新教学方法的专业成长平台。需要学校立足于区域内教学改革要求和教学实际，大胆创新模式，积极推进区域教研共同体的构建。在区域教研共同体构建方面，要围绕教师专业素养提升这一核心目标，积极创新片区教研机制，加强片区大学科组建设；打造多类型学习共同体，为教师专业化发展创设良好环境；实施精准有效的校本培训，满足区域内各层次教师的专业成长需求；坚持问题导向，以新课程、新中高考改革为着力点，充分挖掘片区教育资源，将区域内师资优势发挥到最大限度，引导教师不断走向深度的专业学习。区域教研共同体在运作中始终围绕教学实践中的真问题开展真教研，在专业学习共同体的互相交流与合作中，积极探究、解决问题，学校骨干教师综合素能明显提升，有效促进了片

区学校的共同发展。主要策略如下：

（一）以课题为支点构建区域教研共同体

为保证教研共同体的正常运作并切实发挥对教学的推动和促进作用，学校需要建立并完善相关教研制度，构建由片区牵头校统筹管理，成员校负责过程督导，片区大教研组、备课组具体实施的三级区域教研新机制。确立以课题为支点的教研组、备课组区域教研共同体运行模式，针对课题内容、存在问题、改进方向、探究策略以及预期成果等展开有组织、有计划、有方案、有评估的教研活动。在具体实施中，不同年龄段学科教师结合自身教学实际和发展需求，提出制约学校教育教学发展与质量提升的问题及困难，与学校主要领导展开探究研讨，以此作为各学科的微型教研课题，形成具有明确教研方向、有助于推动教研共同体探究与成长的系列研讨主题。所形成的微型教研课题在探究中要结合课堂教学实践而展开，以保证教研与教学实践的紧密联系，使教研成果更符合教学实际，也具有良好的可操作性和推广性，促进高效课堂教学的实施。同时，借助教研共同体这一平台，片区学校可设计开展说课评课、读书分享以及教学案例分析等教研共同体专题教研活动，以帮助教师快速充电和持续成长，为教师创造一个呈现个人教学能力的平台，不断激发教师的教研创新性和主动性。

（二）以研训为核心促进学习共同体成长

教师专业性的提高是建立高素质教师队伍的有效途径，也是能够有效促进教育质量提高的关键因素。从目前教学实践来看，要提升教师专业授课及创新思考能力，学校应当立足于教育的改革方向，围绕新中考、新高考、新教材、新课程对学生能力素养的要求，侧重于培养学生的自主学习能力和探究创新精神，以不断提高学生的学科核心素养。同时，要基于深度学习理念，促使教师不断更新教学观念、创新教学模式，引导学生深度参与课堂教与学活动，实现生生、师生互动交流，以不断加强学生对教学内容深入地、创新性地理解与思考。为此，学校需围绕培养教师相关能力素养加大培训力度。构建区域教研共同体，不断拓展研训主题，丰富培训形式，促进教师实现专业提升与能力发展。区域教研共同体在实际运作中，学校应充分发挥主导作用，在广泛调研、精准分析的基础上，顶层设计多元化的共同体类型，用共同体美好发展愿景吸引教师自愿参与，激发教师内生动力；同时要围绕教学实际需求实现交流、共享与合作，促进教师教研能力与教学水平共同提升。

（三）以问题为导向驱动校际教研共同体构建

区域教研共同体的构建，其主要价值在于围绕共同的教学疑难问题实施校际交流，以针对教学重难点展开研讨，其间共同体成员需要结合实际撰写教学反思，并对教学实践中的心得进行总结提炼，在此基础上进行有价值、有目标的深度研讨。教学研讨要以问题为驱动，问题的创设要与教师教学实践密切相关，且具有共性与典型性，这是实现区域教研共同体深度探究的前提条件。区域内各学校定期组织教学研讨，共享先进教育理念与优质教学资源，探究高效课堂教学模式，展示借鉴先进教研成果，学校间可选派教师到其他学校进行教学交流等，基于问题推动校际教研共同体的深度合作。

1. 确立有效的主题教研研究方式

在教研共同体的运作中，应首先根据新教材、新课标、新中考、新高考的要求，确定教研主题，由教研共同体各学科教师围绕课题展开个人教学论文撰写教案评比等，在此基础上，展开教学经验推广与交流，以激发教师的教学创新思维和对教学的深度思考。还可以与区域内在研究方向上相同或相近的教师组成教研团队展开交流探讨，并围绕问题的解决搜集资料，进行资源与信息、经验与技巧的共享，以此推动教学问题的解决。在这个过程中，教师的教学视野得到拓展和丰富，同时提高了其资料整合能力，以及与同行交流与合作的能力，对于提高教师的教学综合素养都有着积极的意义。

2. 实施有效的集体大备课教研模式

集体大备课教研模式是指区域内教师之间围绕教学实际中经常遇到的、不易解决且制约教学质量提升的问题展开深度交流，探究解决问题的策略。在交流方式上可以根据实际需要采取多样化的方式进行。如教师之间展开教学观摩、集体备课等。这些交流方式中，教学观摩较为常见，是指教师参与旁听其他教师的课堂教学并从中吸收教学所长的一种观摩式学习活动。集体大备课则是指教师之间围绕同一教学内容进行共同备课，并在备课过程中就教学理念、教学方式、教学评价等进行知识、经验和感悟的共享，同时就教学中的突发性事件以及学生在学习中会面临的共性问题等，通过集体备课来制定解决预案。

3. 进行有效的片区校本课程培训

在新课改背景下，要提高学生的学科综合素养，需要学校结合本地区实际积极推进校本课程开发，将教材内容与校本课程内容有机融合展开教学，以提高学生对知识的理解、应用能力，增强实践能力。为此，要提升教研共同体的合作质量和合作成果，教师个体不仅要具备良好的专业教学能力，而且要具备对教学改革要求及方向的敏锐把握能力、良好的校本课程开发能力，只有这样，才能在教研共同体中提出有价值的思考和探索，并与同行展开深度探讨，有效听取和吸纳他人之长用于改善自我专业技能。因此，学校要重视教师校本课程开发能力的培训，具体实施中，可从区域内各学校中评选出校本课程开发最成功，且形成成熟经验的学校及教师，要求以此为标杆，并为其他学校及教师介绍经验，使其他学校在校本课程开发中少走弯路，并结合本地区实际创造性开展校本课程的开发。以生动的案例和具有可操作性的经验帮助广大教师吸收、落实先进经验，快速提升专业能力。另外，也可邀请校本课程开发方面的专家进行片区培训，指导课程开发的实施措施，以整体提高区域内教师的课程开发意识和课程实施水平。

区域教研共同体的构建使更多教师能够得到持续的理念优化和专业成长，是推动教师专业能力提升和发展的良好平台，对于优化学校教研生态有着积极的意义。在教研共同体的运作中，教师通过持续学习确保专业能力不断提升，教研组围绕教学课题展开探究，教师间就教学信息与资源进行共享与交流，完成教学目标，学校通过组建读书工作坊、开展主题读书会等形式不断提升教师专业素养，还可以通过开展网络培训及校际考察、外出培训等互联网方式不断提升教师的教育理论水平，增进区域内学校师生间的交流与合作，以多样的共同体研修形式推进学校教育环境优化和教师专业能力的提升。

三、构建区域教研共同体的成效及思考

在构建区域教研共同体的实践中，取得了一些成效，也产生了一些思考。一是借助教研共同体，使教师个体得以优化和创新课堂教学模式，推动了学校基于师生、生生深度对话的理想课堂教学模式的实施。二是片区大教研机制的构建使校际教研共同体日益成为促进教师专业发展和学习共同体成长的专业平台，促进了区域内共同体成员业务能力的整体提升，推动了区域教育特色的形成。三是教研共同体的构建，利于学校基于学习规律建立有助于促进教研与协作、对话与深度合作的多类型学习共同体，对探索区域教研共同体的构建策略与规律具有积极意义。

但是，在构建区域教研共同体的实践过程中，仍存在一些不足。如，区域内各教研共同体的发展水平不均衡，有些教研共同体目标定位不清晰，运作不够顺畅，学校教研主管部门对教研共同体运行过程中的指导和管理不到位；有些教研共同体成员教研创新意识不足，主动性欠缺，缺乏有效的推进策略，共同体成长缺乏活力。学校在构建区域教研共同体的过程中，一方面要重视总体规划，另一方面也要关注对教师文化及学校文化建设与传播等方面的探究，以营造有益于推动教师学习共同体不断优化和改进的学校文化氛围。

总之，教师发展是学校发展和学生发展的前提和基础，没有好的教师团队，学校

的各项建设等于空中楼阁，没有教师的发展，学生的成长将失去重要的助推。区域教研共同体的构建需要学校结合本校及区域实际，采取多种形式与途径，积极搭建各类教研平台，提升教师专业素养，以真正促进有益于教师专业发展的区域教研共同体的构建。

第四章
区域教育自觉背景下的课程追求

第一节 区域课程实践的现状

课程在拉丁语中本意为"跑道",也在一定程度上包含了"跑的过程和经历"的意义,因此,课程可以说是为学生铺筑一条促使他们自我历练、走向成功的"跑道",或一条通往他们精神家园的"回家"之路。广义的课程指学生所学的全部学科以及在教师指导下的各种活动的总称;狭义的课程指一门学科或一类课程,如语文课程、数学课程,就是我们日常所言的狭义的课程。从课程规划到形成学科特色,一般需经历以下历程。

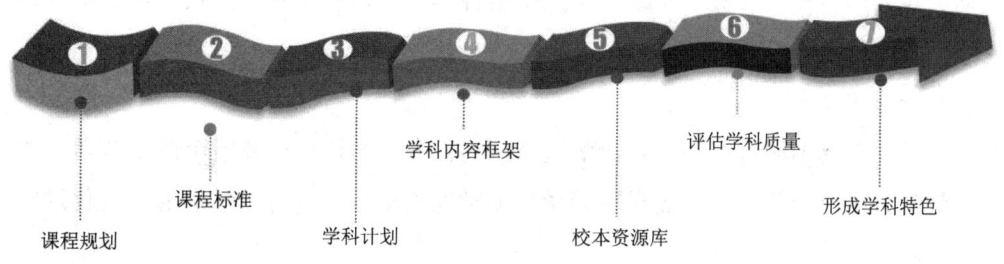

图 3 课程经历的历程

南通市区的初高中课程实践现状呈现出多元化、创新性和注重全面发展的特点。以下是对当前南通市区初高中课程实践现状的归纳:

一、课程设置的多样性与创新性

1. 课程种类丰富

南通市区的初高中学校根据学生的学习需求和发展方向，设置了多样化的课程。除了语文、数学、英语等基础学科外，还开设了物理、化学、生物、历史、地理、政治等必修课程，以及音乐、美术、体育等选修课程。

2. 特色课程与校本课程

不少学校结合自身的教育理念和资源，开发了具有特色的校本课程。例如，有的学校开设了科技创新课程，培养学生的创新思维和实践能力；有的学校则注重传统文化教育，开设了国学经典诵读、书法等课程。

3. 跨学科融合课程

随着教育改革的深入，南通市区的初高中学校开始尝试跨学科融合课程的开发与实践。通过打破学科壁垒，促进知识的整合与应用，提升学生的综合素养。

二、课程实践方式的变革

1. 信息技术在教学中的应用

南通市区的初高中学校广泛运用现代信息技术手段，如多媒体教学、网络课堂、在线学习平台等，丰富教学方式，提高教学效果。例如，通过在线学习平台，学生可以随时随地获取学习资源，进行自主学习和互动交流。

2. 探究式学习与合作学习

探究式学习和合作学习成为南通市区初高中课程实践的重要方式。教师鼓励学生主动参与、乐于探究、勇于实践，通过小组合作、项目式学习等方式，培养学生的探究能力和团队合作精神。

3. 个性化教学

针对学生的不同特点和需求，南通市区的初高中学校积极开展个性化教学。通过分层教学、走班制等方式，满足不同学生的学习需求，促进每个学生的个性化发展。

三、课程评价的改革与创新

1. 多元化评价体系

南通市区的初高中学校开始构建多元化评价体系，除了传统的考试成绩外，还关注学生的综合素质、创新能力、实践能力等方面的发展。通过综合素质评价、成长记录袋等方式，全面、客观地评价学生的学习成果。

2. 过程性评价与终结性评价相结合

在课程评价中，南通市区的初高中学校注重过程性评价与终结性评价的结合。通过日常观察、课堂表现、作业完成情况等过程性评价手段，及时了解学生的学习状况和发展需求，为改进教学提供有力支持。

四、课程实践中的亮点与特色

1. 研学旅行活动

南通市区的初高中学校积极开展研学旅行活动，将课堂教学与课外实践相结合。通过组织学生走出校园、走进社会、亲近自然，拓宽学生的视野和知识面，提升学生的综合素质和实践能力。

2. 体育与健康课程的重视

南通市区的初高中学校高度重视体育与健康课程的发展。通过增加体育课时、丰富体育活动内容、完善体育设施等方式，提高学生的身体素质和健康水平。同时，注重心理健康教育，关注学生的心理健康状况，为学生提供全方位的关爱和支持。

3. 家校共育模式的探索

南通市区的初高中学校积极探索家校共育模式，加强与家长的沟通和合作。通过家长会、家校联系册、家访等方式，及时了解学生的学习状况和家庭情况，形成家校合力，共同促进学生的健康成长。

4. 社团课程化

学生社团管理课程化是基于第二课堂活动课程化的理念，将一切有利于学生成长成才的学生社团活动视为课程，对实现社团育人功能具有重大的理论意义和现实意义。结合当前学生社团管理课程化模式的具体要求，明确涉及的行为主体之间的关系，对学生社团活动项目进行规划、实施、管理和评价，围绕制度保障、组织保障、量化考评、激励保障和经费保障等方面提出基本思路，从运行前期、运行中期、后期和评估反馈四个阶段，逐步构建以课程化为核心的学生社团管理创新模式。

社团课程化，是为每个学生充分成长并使之具有核心素养而设计的活动总和。其突出特点是活动，指向学生的成长成才，关键是实现立德树人、培养核心素养的根本任务。

五、存在问题与挑战

南通市区的初高中课程实践现状呈现出多元化、创新性和注重全面发展的特点，同时，南通市区的初高中学校也面临着一些挑战和问题。

（一）问题1："学校行政"的课程，不关注学校特色的形成

学校特色发展或特色学校的持续推进，对于改变"千校一面"的学校形态有重要意义。在当前学校特色发展进程中，有一些学校陷入功利式、割裂式以及无问题意识式的误区，究其原因，在于受到"基本概念和问题把握不好"和"制度环境的合法性压力"双重因素影响。要有效消除学校特色发展中的误区，废除或减少"学校行政"主推、不关注教师与学生兴趣的校本课程，是一条可行的路径。

（二）问题2："校本研修"的课程，不关注与国家课程融合

"将党的教育方针具体化细化为本课程应着力培养的核心素养，体现正确价值观、必备品格和关键能力的培养要求。"正如《义务教育课程方案（2022年版）》所强调的，学校课程建设必须以培养核心素养作为出发点和归宿。核心素养与学校课程建设的关系，可以简要概括为目标与手段的关系。学校课程建设为核心素养的培养服务，是落实核心素养最重要的路径和手段。而核心素养导向下的校本课程建设与发展，应当以"与国家课程融合"作为突破口。

学校要在开齐、开足、开好国家课程的基础上，统整学科组、年级组、教研组的资源和力量，进一步加强学科的校本研修，综合分解各学段、学科以及单元章节的核心素养落脚点，寻求目标支撑和训练依据。同时加大学科内和学科间内容的融合，模块化改造学科整体，基于校情、学情、教情，丰富校本课程内容。校本化后的课程还要展示不同层次的要求：按底线达标、中线自主、高线控制的分层要求，每个学生都可以结合相关要求和自身发展水平，对课程进行改造和取舍。

（三）问题3："教师兴趣"的课程，不关注学生个性化需求

按照"统一规划，纳入课程；分类培训，配齐导师；创意评价，以评促建"的原则，开发丰富多彩的社团课程。学校顶层设计，将社团纳入课程管理，学生按需定制，学校配备场地、经费。对社团进行分类管理，配齐指导教师，按照科技创新类、体音美类、文史类、数理化生类、外语类等分类指导，制订社团课程目标、课程计划和课程评价，每周固定时间、地点开展社团活动。配合创意评价，以评促建，促进学生个性需求与发展，推动社团高质量发展。学校实施过程中，难免会出现以"教师兴趣"为主的校本课程，仅关注了教师有特长、有兴趣的长板，却忽略了"学生是否有兴趣"的根本。导致学校社团出现"学校如火如荼，教师轰轰烈烈，学生混混沌沌"的怪现状。

随着教育改革的深入和时代的发展，需要进一步加强教育研究和改革实践，不断提升课程教学质量和效果，为学生的全面发展和社会的进步做出更大的贡献。

第二节 教研员视角下的课程

从教研员的视角来看，课程是教育教学活动的核心，是实现教育目标、促进学生全面发展的重要载体。以下是对教研员视角下课程的详细分析：

一、教研员对课程的理解与认识

教研员作为教学研究与指导的专业人员，对课程有着深入的理解和认识。他们认为，课程不仅仅是教学内容的简单堆砌，更是教学目标、教学方法、教学评价等多个方面的综合体现。教研员会关注课程的系统性、科学性和适切性，确保课程能够符合学生的认知水平和兴趣特点，满足社会对人才的需求。

二、教研员在课程中的角色与职责

1. 课程的研究者

教研员会深入研究课程标准、教材内容和教学方法，了解课程的内在逻辑和联系，为课程的有效实施提供理论支持。

2. 课程的指导者

教研员会指导教师理解和把握课程理念，掌握课程实施的方法和技巧，帮助教师解决在课程实施中遇到的问题和困难。

3. 课程的评价者

教研员会对课程的实施效果进行评价和反馈，分析课程存在的问题和不足，提出改进意见和建议，促进课程的不断完善和优化。

4. 课程的开发者

教研员会根据当地实际和学生需求，开发具有特色的校本课程或跨学科融合课程，丰富课程内容，提升课程的适应性和针对性。

三、教研员对课程的关注点

1. 课程目标的明确性

教研员会关注课程目标是否明确、具体、可衡量，是否符合学生的认知水平和兴趣特点，以及是否与教育目标和社会需求相契合。

2. 课程内容的科学性

教研员会评估课程内容是否科学、合理，是否符合学科特点和学生的认知规律，以及是否贴近生活实际，具有时代性和前瞻性。

3. 教学方法的适宜性

教研员会关注教学方法是否得当，是否能够激发学生的学习兴趣和创造力，以及是否能够促进学生的自主学习和合作学习。

4. 课程评价的全面性

教研员会强调课程评价应该全面、客观，既要关注学生的学习成果，也要关注学生的学习过程和方法，以及学生的情感态度和价值观。

四、教研员在课程实施中的支持与指导

1. 提供专业指导

教研员会深入课堂，观察教师的教学情况，了解学生的学习状态，为教师提供针对性的指导和建议，帮助教师改进教学方法，提高教学效果。

2. 组织教研活动

教研员会定期组织教研活动，如教学观摩、教学研讨、教学培训等，为教师提供交流和学习的平台，促进教师专业成长。

3. 推广先进经验

教研员会积极推广先进的教学理念和方法，介绍优秀的课程案例和教学实践，为教师提供借鉴和参考，推动课程教学的改革和创新。

五、教研员在课程建设中的引领作用

教研员在课程建设中发挥着重要的引领作用。他们通过深入研究课程、指导教师实施课程、评价课程实施效果等方式，推动课程的不断完善和优化。同时，教研员还会结合当地实际和学生需求，开发具有特色的校本课程或跨学科融合课程，丰富课程内容，提升课程的适应性和针对性。他们的努力为提升教学质量、促进学生全面发展做出了重要贡献。

六、教研员视角下校本课程的合理定位

校本课程是由学校自主开发、学生自愿参加，以学生活动为主的课程，具有实践性、综合性和开放性的特点，与必修课程一起构成学校课程体系，但它与必修课程在内容要求的深广度和活动形式等方面又不尽相同，校本课程更突出学生的自主性、自愿性和灵活性。它对培养学生的兴趣特长、创新精神和实践能力，培养学生分析和解决问题的能力、团结协作的能力、社会活动能力，具有十分重要的意义。基于此，开发校本课程的合理定位如下：

（一）让学生站在正中央，让"双减"有"生长性"

随着"双减"政策实施、《义务教育课程方案和课程标准（2022年版）》、三新（新课标、新课程、新高考）方案等一系列文件出台，教育样态发生了大变化。全国著名特级教师窦桂梅说："面对世界发展格局变化带来的巨大挑战和不确定性，学校始终要知道自己应该坚守什么、优化什么、深化什么、迭代什么，厘清'双减'的本质与内涵，重塑学校教育生态。"以学生的成长、成才为核心，让学生站在课程开发的正中央，让"双减"有"长脚性"，走出学校联动课外生活，让课程有生长性，将社会最优资源引进学校，开发课后育人课程供学生自主选择，让课程注重高质量，让学生高质量过好学校一日生活。力求寻找迷失的传统价值，找回精神道德教育的支点；给每个孩子享有教育公平、优质教育的机会；改变学生在享受优质教育的同时，却过着应试生活的现状；立足于学生的长远意义，引导进行选择性的教育；注重吸收中华民族传统教育智慧。

南通市紫琅湖实验学校，是一所2018年12月正式建制的九年一贯制学校。学校与高校、教研团队深度合作，以课程融合的理念，共同参与跨学科、跨年级的校本课程开发，积极打造以"正悦读"课程、衔接课程为核心的正和校本课程体系，引领学生在多元课程的涵养下不断提升核心素养，为其终身发展奠基。目前，学校已开设40门初级校本课程。（图4）

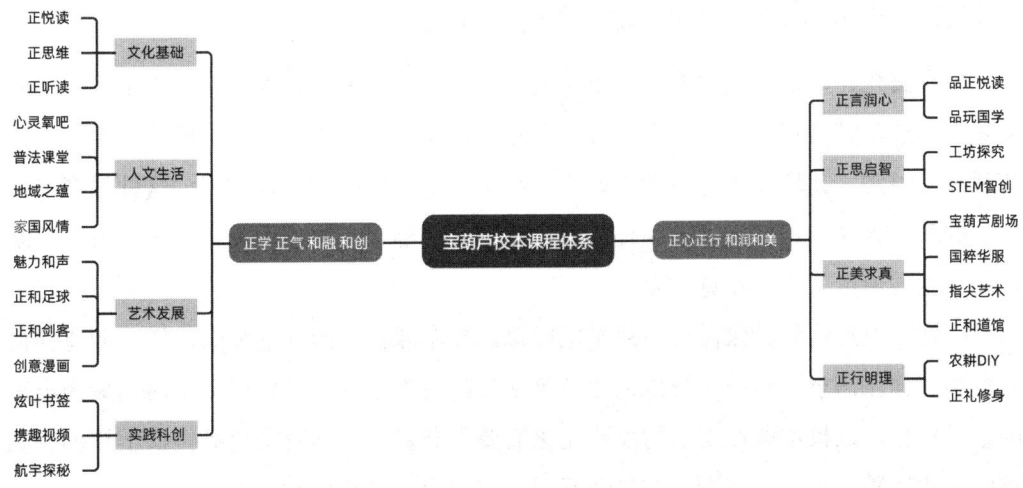

图4 南通市紫琅湖实验学校校本课程

学校围绕"正和"之校训，"正"之于课程实践——立意正、架构正、方法正，"和"之于课堂实践——课堂教学过程中的情感特征，围绕旨在培育"新时代好少年"的"正和"课堂教学模式，从立足学科的主题教学凝练出立足学校"正和"课堂教学

模式群建构研究，形成了以"正言润心、正思启智、正美求真、正行明理"为核心的校本课程群。（图5）

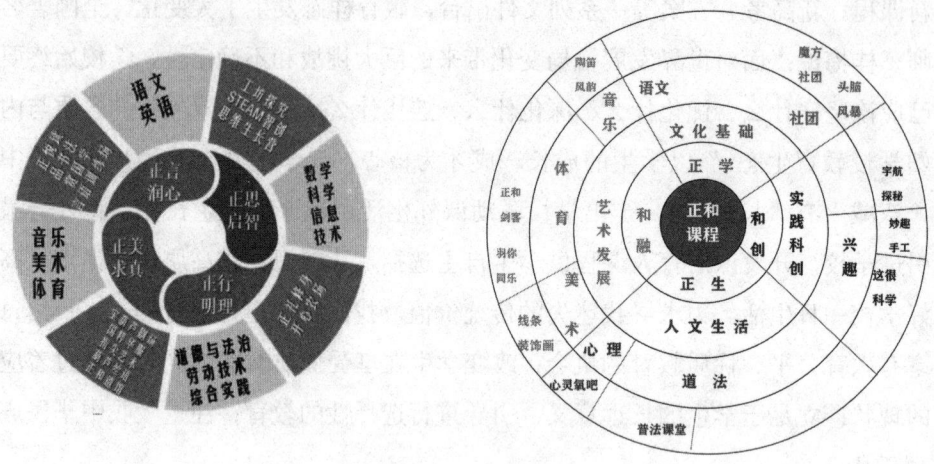

图5 南通市紫琅湖实验学校课堂教学模式群

英国哲学家怀特海说，什么是好的教育？学生是有血有肉的人，教育的目的是激发和引导他们的自我发展之路。纵观本节所提供的案例，学校共融场域文化，涵养育人土壤，同时又积极探索多元国家课程，让学习教育走深走实，可以说，校本课程是多姿多彩的，五育并举、全面育人是得以凸显的。

（二）丰富校园文化建设，助推学校内涵发展

校园文化建设是一所学校文化的表现、一种特色、一种氛围，是一所学校发展的灵魂。打造学校文化，用环境来孕育学生心灵，用环境来培养学生正确的人生观、道德观和价值观，让环境文化在潜移默化的影响中对学生起到孕育作用，这种教育是课堂上的教育无法相比的。为学生打造健康向上、多姿多彩的校园文化生活，可以不断提高学生的道德素质，拓宽学生视野。

裴娣娜教授认为，课程是一种文化现象。校本课程强调尊重和满足学生的差异性特点和多样化需求，继承学校传统并参照学校的发展走向，是学校文化内涵最为丰富的组成部分。以校本课程为主的校园文化需要不断彰显出学校文化品位。学校拥有独特的文化风貌，才能让这所学校与众不同，体现出学校价值和人文精神。

校园文化，作为一种文化形态，对学生价值观念、道德情操、思想内涵和行为模式的形成和发展起着深远影响。富有特色的校园文化最能给学生感染和启发，使校园成为丰富学生课余生活、参与学校课程建设、展示学生成长的舞台。对于每一位学生来说，良好的校园环境给他们带来温馨、舒适的学习和生活状态。丰富的校园文化，

有利于促进学生健康心理的形成，是学校课程最好的催化剂。

南通市北城中学，追求"课程生态，向美而构"，按照"规划学科美育的学习领域、确定社团活动目标、开发社团校本教材"的三部曲，确立了"以美育德、以美增智、以美塑美、以美促美"的德美、智美、体美、技美课程。

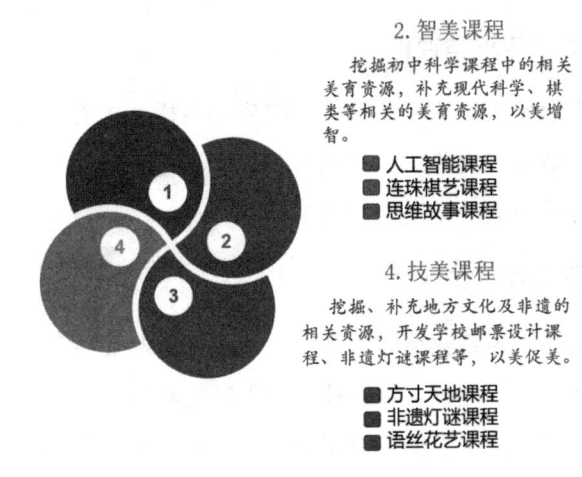

图6　南通市北城中学课程体系

丰富的校园文化，有利于促进学生健康心理的形成，是学校课程最好的催化剂。校园文化建设更是一所学校综合实力的体现。学校文化建设就是表现在文化的凝聚力和创造力上，有特色的校园文化建设能够赋予师生独特的人格、独特的精神，不断鼓舞师生反思、超越，为国家培养更加优秀的人才。

（三）发挥地域优势，开发特色课程

地域优势是指某个地区在自然、人文、经济等方面的独特性和特点。这些特点和独特性可以成为该地区发展特色课程的基础。利用地域优势，可以根据实际情况自主开发特色教育项目与资源，满足当地学生的学习需求。通过发挥地域优势，不仅可以提高教育教学质量，提升学生综合素质，还可以促进地区经济发展和文化传承。开发特色课程则是利用地域资源、文化和环境等方面的优势，开展具有一定特色的课程。通过特色课程，激发学生的学习兴趣和学习热情，增强他们的创新意识和实践能力。

1. 科技创新类课程

利用地方科技创新的特色，开发具有创新性和实践性的课程，如机器人编程、智能安防、无人机技术、大数据及人工智能等。通过这些课程，可以提高学生的科技素养，培养创新思维和探究精神。

2. 地质生态类课程

以当地地质、气候和生态环境为基础，构建具有地域特色的地质生态课程，如地球科学、生态环境和气候变化等。通过这些课程，可以加深学生对当地自然环境的了解，提高他们的环境保护意识。

3. 文化传承类课程

以当地本土文化为主题，开展形式多样、内容丰富的文化课程，如民间艺术、民俗文化、地方历史等。这些课程不仅能够传承当地文化遗产，也能够培养学生的文化素养，提升他们的审美能力和品位。

4. 职业教育类课程

以当地实际就业情况为基础，开设具有职业特色的课程，如农业生产、地方手工业等。通过这些课程，可以让学生更好地对接当地就业市场，促进人才培养和地方经济发展，对于高中生的生涯规划，有着较强的指导意义。

总之，发挥地域优势，开发特色课程，可以做到根据实际情况灵活设计课程，让学生更好地融入学习和生活，同时也可以让当地经济、文化和社会发展得到更好的推动。

南通市第二中学，是由清末状元、著名实业家、教育家张謇先生在中国轻工业的发祥地——唐闸镇创办的学校。张謇是中国棉纺织领域早期的开拓者，主张"实业救国""父教育，母实业"，在南通兴办了一系列文化教育事业，开创了唐闸镇工业区，使南通成为我国早期的民族资本主义工业基地之一，城市建设按照一城三镇的格局，成为长江下游的重要商埠和苏北的经济、文化和政治中心。张謇一生创办了20多家企业，370多所学校，为中国近代民族工业的兴起、教育事业的发展做出了宝贵贡献。张謇先生是南通市第二中学的第一任校长。一百多年前，他亲题校训"忠、信、笃、敬"，一百多年来，"忠、信、笃、敬"始终是学校的发展之魂。学校始终在秉承中不断创新，在创新中不断秉承，孕育了特色鲜明而又内蕴深厚的学校文化。

（四）设计学习经历，构建高品格课程

按照学习进行的方式这一维度，学习可以分成两类：一类学习只是为了接受知识，它很少有情感投入，一切都发生在"脖子以上"；还有一类学习，是重要的、有意义的经验学习。只有那种学生个人被深入卷入、自我主动投入的学习，才会是有意义的经验学习。它引起了学生在行为、态度甚至是人格上的改变，学生也能够对学习的内容和相关事件做出是否满足、有多少程度满足自身需要的评价。有意义的经验学习呼唤着高质量的课程体系。

课程是落实学校培养目标，体现学校育人哲学的重要载体。探寻适合学生发展的课程促使我们在国家意志、时代使命、学校传统的既有基础上，还应增加学生立场。教育的本质在于育人，从这一视角出发，我们不仅要为学生的现在积极思量，还要为学生的未来多多展望，让学生能更好地适应21世纪社会生存与发展的需要。当代课程改革，在悄悄地发生变化。（图7）

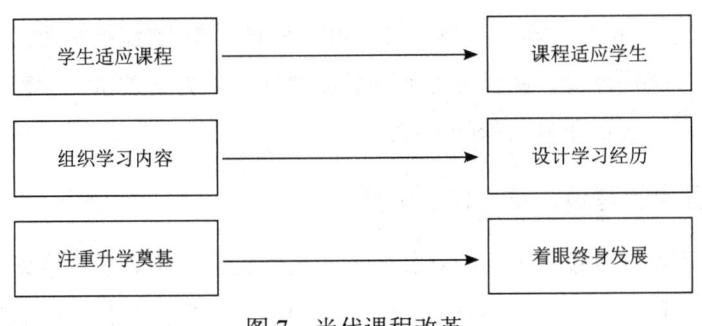

图7　当代课程改革

基于此背景，学校的课程建设绝不是简单地做加法或减法。在倡导五育并举、学科育人、创新培育的当下，学校课程要融通整合，要分层分类，要留给学生选择的空间。为此，需要探索以学科核心课程落实课程方案的共性要求，通过分层、分类设置课程科目，为学生提供多样化的课程门类与课程层次，为不同学习水平学生提供适切的必修课程与选择性必修课程。为学生提供整合性的社会学习经历与综合素养培育的体验，为学生思想、心理、学业、生活、学涯的发展提供个性化的学习经历，为学生的生涯发展筑基。

江苏省南通中学附属实验学校（简称"通中附校"）是南通市委市政府在"建设长三角创新之都"战略定位之下，建成的南通市创新区人才子女配套学校。学校秉承百年通中优良办学传统，以"诚恒"为校训，力求"人品与学问同步升华"，聚焦内涵发展，努力建设有利于创新人才培养的未来学校，初步形成了高品韵的文化传承、高品质的队伍建设、高品格的课程构建、高品位的德育浸润、高品级的智能体验五大特色。（图8）

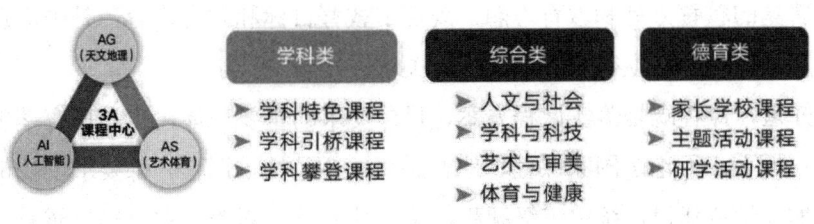

图8　通中附校课程体系

学校开齐开足国家课程，致力于校本课程开发，建立多元课程育人体系。注重区域课程资源开发，利用毗邻紫琅湖得天独厚的优势，开设帆船体验课程。依托通中融创中心课程优势，充分挖掘紫琅科技城科技特色课程资源，目前重点建设 AI 人工智能课程、机器人、无人机、虚拟实验等前沿课程，初步建成 3A（AG 天文地理、AI 人工智能、AS 艺术体育）课程中心，全力营造适应未来发展的"学习场"。

"探寻适合学生发展的课程"绝不是一句空洞的口号，学校不断迭代发展的课程形态、课程实施、课程评价、课程管理无不是以课程改革为突破口，紧密围绕立德树人这一根本任务，不断优化教与学的方式。

（五）彰显学科建设，培育核心素养

核心素养培育使教育真正回归立德树人的正确轨道。核心素养培育涉及三个关键问题，即培育学科核心素养需要什么样的学科知识，学生需要什么样的学习活动，教师应该怎样教学。这需要教师把握学科知识的来源、本质、结构与价值，并将各形态的具体知识与核心素养对应起来，基于社会生活和学生生活创设真实问题情境，使学生在问题情境中自主建构学习，教师再以有层次性、挑战性的问题链统领教学活动全过程。由此，清晰、系统把握知识、学习与教学三者的关系，从而真正将知识问题、情境融为一体。学生在解决问题过程中得以系统掌握知识，提升能力，促进学习迁移，进而达成学科核心素养目标。

《义务教育课程方案（2022 年版）》（以下简称"新课程方案"）优化了课程内容结构。明确指出以习近平新时代中国特色社会主义思想为统领，基于核心素养发展要求，遴选重要观念、主题内容和基础知识，设计课程内容，增强内容与育人目标的联系，优化内容组织形式。设立跨学科主题学习活动，加强学科间相互关联，带动课程综合化实施，强化实践要求。准确理解和把握党中央、国务院关于教育改革的各项要求，全面贯彻习近平新时代中国特色社会主义思想，将社会主义先进文化、革命文化、中华优秀传统文化、国家安全、生命安全与健康等重大主题教育有机融入课程，增强课程思想性。《普通高中课程方案（2017 年版，2020 年修订）》同样指出："基础教育课程承载着党的教育方针和教育思想，规定了教育目标和教育内容，是国家意志在教育领域的直接体现，在立德树人中发挥着关键作用。"

我们知道，课程既是落实课程方案、目标要求的重要载体，也是培育学生核心素养的最基本抓手。无论是国家课程、地方课程，还是校本课程，都要求学校依据核心素养要求加强学科建设，统整三级课程体系。落实核心素养，整合彰显核心素养要求的特色鲜明的课程，成为建设高品质学科教育的当务之急。

基于以上，五育融合、学科育人呼之欲出，学科课程群拭目以待。

所谓学科课程群是指：同一学科范畴内，通过对该学科领域内相关内容的统筹设计、整合与拓展所形成的学科系列。以服务主旨的不同，学科课程群可分为以下三种结构模式：

（1）以完善学科知识体系为主旨的知识拓展类学科课程群结构模式。该模式基于学科知识体系，将课程内容按照学科分类进行组织。它强调学科知识的系统性和完整性，通常以教师讲授为主，学生通过听讲、阅读、练习等方式来学习。这种模式注重学生对学科知识的掌握和理解，有助于培养学生的逻辑思维和批判性思维。

（2）以激发学生学习兴趣为主旨的知识应用类学科课程群结构模式。该模式以主题为核心，围绕主题展开课程内容。它通常以学生的兴趣和需求为导向，通过引导学生探究主题，培养学生的自主学习和合作学习能力。这种模式注重学生对实际问题的解决能力，有助于培养学生的创新精神和协作意识。

（3）以培养学生实践能力为主旨的社会实践类学科课程群结构模式。该模式注重学生的实践能力和职业技能的培养，将课程内容与实际工作或项目结合起来，通过实践操作来学习知识。这种模式通常以学生为中心，强调学生的主动参与和实践经验，有助于培养学生的实践能力和职业素养。

三种模式强调学科之间的联系和整合，将不同学科的知识结合起来，形成一种综合性的课程体系。有助于拓展学生的知识面，培养学生的综合素质和跨学科思维能力。三种课程模式各有特点，可以根据不同的教育目标和情境选择适合的模式。在实际教学中，也可以将多种模式结合起来，发挥各自的优势，提高教学效果。以下为某校开发的数学课程群，对培育学科核心素养，全面展现学生从该学科课程学习中应获得学科特质的必备品格和关键能力，大有裨益。（图9）

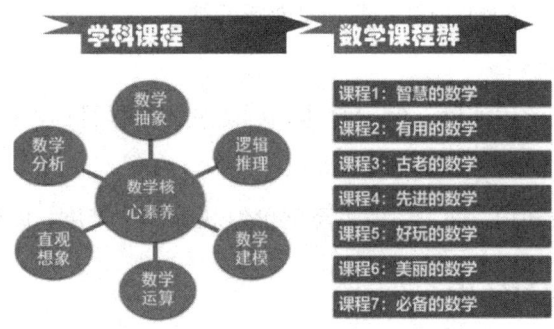

图9　某校数学课程群

第三节　指向教育自觉的课程实施策略与方案

人的自觉时代的到来呼吁着教育对何以立德树人进行自觉的思考。教育自觉以人本主义为本质立场，传达了对人的尊重与关怀，体现了对人实现健全发展的美好愿景。教育自觉亦有育自觉之人的内涵，旨在使人发现自我、生成自觉，知觉生命、尊崇生命独特性，继而付诸改造生命的实践，提升为人生命的价值。不难发现，教育自觉，是对教育本质的认识，是对教育规律的探寻，是对教育境界的追求，是教育主体发自内心的具有较高品质的教育行为。主城区一体化背景下教育自觉具有现实的逻辑性，它始于教育认知的叩问，终于教育行为的探索，归于教育共识的达成。

"成"自觉之人，"全"生命价值。南通市市直学校教育管理中心秉持人本主义的本质立场、生命自觉的价值取向、走向成全的美好愿景，努力践行"全员""全面""全息"的教育实践，主动担当思考教育何以"成人之美"的重任，在实践中将生命自觉细致地渗透于各项制度设计之中，使课程建设的各个角落都能积极地参与进来，促使教育不断焕发人本的生命力和创造力。

指向教育自觉的课程实施策略与方案，旨在通过自觉的教育理念和行动，推动课程的深入实施，促进学生的全面发展。以下是一些具体的策略与方案：

一、明确教育自觉的理念与目标

1. 树立自觉教育理念

教育自觉强调教育者和受教育者的自我觉醒和自我发展。教研员和教师应深入理解教育自觉的内涵，将其融入课程实施的全过程。

确立"以人为本"的教育理念，关注学生的个体差异和全面发展，尊重学生的学习主体地位，培养学生的自主学习能力和创新精神。

2. 明确课程目标

根据课程标准和学生实际，制定具体、可衡量的课程目标，确保课程实施的方向性和针对性。

课程目标应涵盖知识、能力、情感态度价值观等多个维度，促进学生的全面发展。

二、优化课程内容与结构

1. 整合课程资源

充分挖掘和利用校内外课程资源，包括教材、教辅资料、网络资源、实践活动等，为课程实施提供丰富的素材和支撑。

结合当地实际和学生需求，开发具有特色的校本课程或跨学科融合课程，丰富课程内容，提升课程的适应性和针对性。

2. 优化课程结构

合理设置课程模块和单元，确保课程内容的系统性和连贯性。

适当增加实践性和探究性的课程内容，培养学生的动手能力和创新思维。

三、创新教学方法与手段

1. 倡导自主学习与合作学习

鼓励学生主动参与、乐于探究、勇于实践，通过自主学习和合作学习的方式，提升学生的学习能力和团队合作精神。

教师应转变角色，成为学生学习的引导者和合作者，为学生提供必要的指导和支持。

2. 运用现代信息技术

充分利用多媒体、网络等现代信息技术手段，丰富教学方式，提高教学效果。

通过在线学习平台、虚拟实验室等数字化教学资源，拓展学生的学习空间和时间。

四、强化课程评价与反馈

1. 建立多元化评价体系

关注学生的学习过程和学习成果，采用形成性评价和终结性评价相结合的方式，全面、客观地评价学生的学习表现。

鼓励学生进行自我评价和同伴评价，培养学生的自我评价能力和批判性思维。

2. 加强反馈与指导

教师应及时向学生反馈学习情况和评价结果，帮助学生了解自己的学习进步和不足，明确改进方向。

针对学生的学习困难和问题，提供个性化的指导和帮助，促进学生的个性化发展。

五、推动教师专业成长与团队协作

1. 加强教师培训与学习

定期组织教师参加教学研讨、教学观摩、教学培训等活动，提升教师的教学能力和专业素养。

鼓励教师开展教学研究和实践探索，总结教学经验，提炼教学成果。

2. 促进团队协作与交流

建立教师团队协作机制，鼓励教师之间的交流与合作，共同解决教学问题，分享教学经验。

通过集体备课、教学研讨等方式，促进教师之间的知识共享和智慧碰撞。

六、社团课程化实践策略

（一）加强过程管理，自主性与规定性相结合

1. 遵守社团自主招募社员原则

在组建规定章程及后期招生等过程中，社团课程充分体现了学生的自主性。为实现课程实施的长效性与持续性，要规范各个级别的社团报名程序：个人报名、网络二次报名、学校协调、班级公布，让"死心塌地"要加入的能进来，让"随波逐流"要加入的有充分选择空间，让所有人各得其所，在自己最喜欢的领域施展自己最亮丽的才华。

2. 遵守自律与他律相结合原则

由于学生是社团课程的主要管理者，因此，社团课程活动的形式和内容具有较高的自由度，学生可根据本社团课程内的实际需求进行针对性的活动设定，开展一些喜闻乐见的活动，激发学习热情，明确自身的兴趣爱好。也正由于此，在社团课程管理方面，要制定社团活动章程，明确社团成员的权利与义务，以保障社团活动正常运行。严格社团活动过程中的点名、考勤原则，既可以保证活动质量，又可以有效减少安全隐患，是课程管理过程中必不可少的一环。

3. 遵守社团学生灵活选修换退原则

为更好地服务学生、管理社团课程，促进社团的健康发展，丰富学生的校园生活，发挥社团在加强校园精神文明建设和提高全校学生综合素质中的作用，更好地展现优秀社团的正能量，促进社团发展，应加强社团联合会对校团委社团的管理，制定社团学生灵活换退机制，对于盲目参加后发现并不适合自身兴趣与特长的学生，可以采取灵活的机制准予退出，并协调加入其他社团；对于不能遵守社团规则秩序，不能达成社团基本要求的学生，应准予退出。

4 遵守社团场地、器材定期检修原则

为确保社团所需场地、器材的使用安全，确保场地、器材特别是易损易耗器材好用、够用，学校应组织后勤、安保等相关人员，配合社团管理人员，对每个社团的场

地、器材开展固定周期的检查与维护。

(二)编制社团活动校本化教材,建立社团课程化体系

学校要根据学生实际,编制专门性的校本教材,并在逐步发展中建立起相应的社团活动资源库。在符合实际情况的基础上制订教学计划和活动方案,设计合理的奖惩体系,由此开展相应的社团活动。在开展社团课程时,教师首先应明确教学目的,按照计划开展相应的活动,同时记录活动过程,妥善保存这些记录,在学期结束时展开活动总结,明确教学活动中的问题,从而有针对性地予以修改完善。(图10)

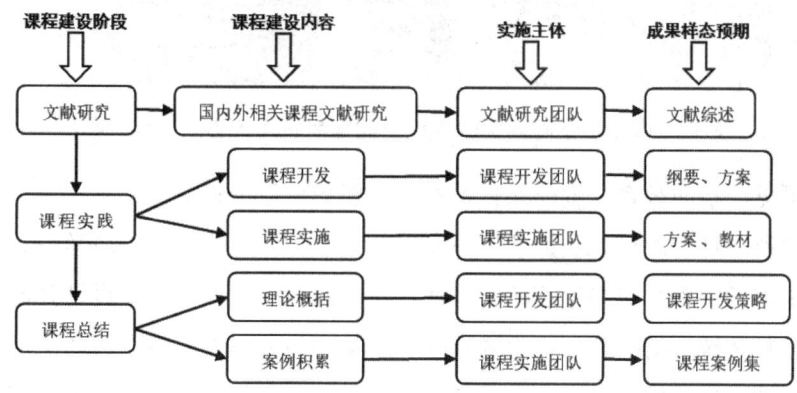

图10 社团课程化体系

(三)构建"课堂、活动、实践、课题研究"四位一体的社团发展模式

社团活动的开展不能仅仅局限于学校,而是要做到"内外联动"。一方面要在实践中不断完善课程实施,丰富活动内容和形式,提升社团活动质量,另一方面要积极参与到社会生活中,借助社会实践活动实现相应的教学目标。在实践的过程中需进行相应的记录,活动结束后要进行反思,并将自身优势进行推广,从而辐射带动整个地区社团的发展。

江苏省南通中学附属实验学校建构的"润德启智"大思政实践课程,将思政课程、课程思政、实践思政有机融合,将国家课程、特色课程、校本课程充分渗透,配合劳动基地、法治基地、心理咨询室、研学活动等不同的阵地,开展丰富多彩、形式多样的思政+理科、思政+文科、思政+艺术、思政+科技课程,构建了一体化、整体性的课程实践模式。(图11)

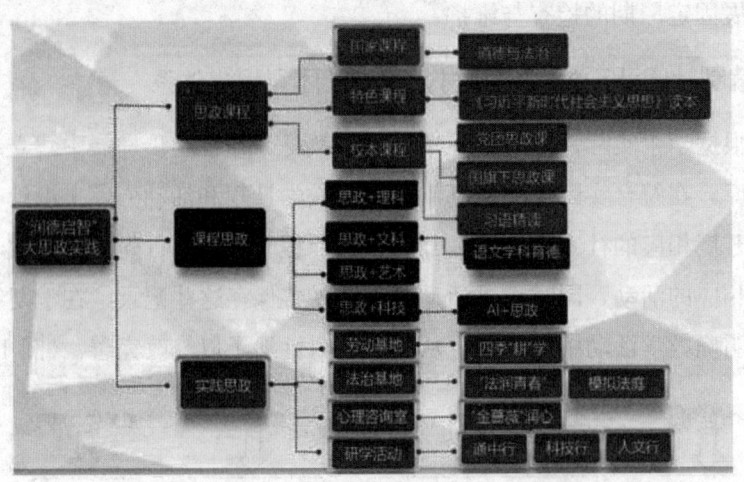

图 11　南通中学附属实验学校"润德启智"大思政实践课程

综上可见，指向教育自觉的课程实施，需要完成以下转变：

认识学科→理解教材；认识学生→发现儿童→去标签化；认识教学→方法只有合适的没有最好的→教学有多种策略与方法；认识课程→从课程纲要设计开始；认识学校→传承学校传统。指向教育自觉的课程实施策略与方案需要教育者和受教育者的共同努力和实践。通过明确教育自觉的理念与目标、优化课程内容与结构、创新教学方法与手段、强化课程评价与反馈、推动教师专业成长与团队协作等措施的实施，可以推动课程的深入实施，促进学生的全面发展。

第四节　指向教育自觉的课程建设案例

案例一：

初中化学跨学科实践活动的项目化设计与实践
——以"了解家用燃料的变迁和合理使用"为例

南通市第一初级中学　包慧

《义务教育化学课程标准（2022年版）》明确指出设立跨学科实践活动，加强学科间联系，带动课程综合化实施。如何设计和开展跨学科实践活动已成为备受关注的主题。根据人教版九年级化学第七单元"燃料及其利用"确定"了解家用燃料的变迁和合理使用"的项目主题，该内容与课标规定的跨学科实践活动中的"家用燃料的变迁和合理使用"相对应。

(一) 目标设计

燃料在生活中必不可少，调查家用燃料的变迁与合理使用是针对"化学与生活紧密相关"及"化学与社会的发展"而设计的。属于化学与生活领域的调查类实践活动，具有重要的现实意义。

该项目以调查家用燃料的变迁为基础，以各阶段主要家用燃料为研究对象，探究燃烧的条件、化石燃料的利用及燃料对环境的影响，承载学生必做实验"燃烧条件的探究"，融合数学、地理、道德与法治等课程相关内容，培养学生发展变化观、实验观、辩证观等化学观念，进一步构建"可持续发展""系统与模型"等跨学科大概念。

该项目使学生置身于真实情境中，引导学生在多层次思考问题，发展科学、技术、工程融合解决实际问题的能力，强化社会责任感、国家认同感。

(二) 活动内容

"了解家用燃料的变迁和合理利用"项目与九年级化学上册第六单元"碳和碳的氧化物"、第七单元"燃料及其利用"内容互补，由浅入深设计了"燃料的种类""燃料燃烧的奥秘""使用燃料的安全常识""使用燃料对环境的影响"4个课时。这部分内容旨在提升学生的方案设计与优化能力、动手实践能力和探究能力。

(三) 实施过程

表2 实施过程

	第一课时 燃料的种类
教学目标	1. 了解我国不同地区家用燃料的使用情况
	2. 了解我国化石燃料的分布情况
	3. 知道煤炉中包含的化学原理
	4. 了解南通地区家用燃料的历史变迁
	课前活动①：搜集信息，了解我国不同地区家用燃料的使用情况
	介绍：我国煤矿、石油、天然气等化石资源的分布情况
	课前活动②：搜集信息，了解新中国成立以来南通地区家用燃料的使用情况
	汇报交流：以小组为单位进行展示
	知识介绍：煤炉中发生的化学反应和化学原理
	汇报交流：20世纪80年代逐渐出现液化石油气，部分小区开始使用管道人工煤气
	知识介绍：制作人工煤气的化学原理

续表

教学过程	知识介绍：煤气中毒的原理是什么？一旦发生煤气中毒应该如何急救？产生一氧化碳的原因是什么？
	知识介绍：进入21世纪后，人工煤气逐渐被天然气取代，天然气的主要成分是什么？
	课堂小结：

第二课时　燃料燃烧的奥秘		
教学目标	1. 了解人类使用燃料的历史	
	2. 掌握燃烧的条件和灭火的原理	
	3. 知道燃料充分燃烧的一般方法	
教学过程	创设情境：人类使用燃料的历史	
	课前活动：搜集信息，了解人类使用燃料的发展历史；燃料使用和变迁过程中的相关历史事件	
	汇报交流：人类使用燃料的发展历史	
	思考：作为家用燃料的物质应该具备哪些共同的性质？可燃物的燃烧还需要具备哪些条件？如何通过实验证明？	
	小组讨论设计实验：燃烧的条件	
	过渡：燃烧可控吗？历史上发生过哪些后果惨痛的火灾事故？如何实现灭火？	
	汇报交流：	

第二课时　燃料燃烧的奥秘		
教学过程	小组实验：用多种方法熄灭蜡烛	
	归纳：灭火的原理	
	活动探究：使燃料充分燃烧的方法	
	讨论：如何使燃料充分燃烧？	
	归纳和小结：燃料充分燃烧的方法	
	课堂小结：	

第三课时　使用燃料的安全常识		
教学目标	1. 了解我国西气东输政策	
	2. 了解沼气的形成过程	
	3. 掌握甲烷燃烧的相关知识	
	4. 学会易燃易爆物的防爆方法	
教学过程	创设情境：新中国成立以来南通地区家用燃料的使用情况	
	展示：我国西气东输地图	
	思考讨论：人工煤气改成天然气应该如何更改灶具的进风口和进气口？	
	汇报交流：部分村庄使用天然沼气	
	知识介绍：天然沼气形成的过程	
	活动与探究：甲烷燃烧产物的探究	
	知识延伸：天然沼气池爆炸的原因	
	知识介绍：可燃物爆炸的相关知识	
	讨论和交流：安全使用燃料的方法和措施	
	课堂小结：	

续表

	第四课时 使用燃料对环境的影响
教学目标	1. 了解不同种类家用燃料的优缺点
	2. 了解温室效应的成因和危害
教学目标	3. 培养低碳生活的意识
	4. 知道氢气的相关性质
	5. 了解新能源,开发新能源的意义
教学过程	课前活动:搜集资料,比较不同燃料的优缺点,通过计算比较不同种类的家用燃料的热值大小,以表格形式呈现
	活动与探究:家用燃料的使用对环境的影响
	拓展延伸:汽车所用燃料对环境的影响
	知识介绍:温室效应的成因及其危害
	交流与讨论:在实际生活中如何践行低碳生活?
	知识拓展:国际上关于"碳中和"研究的前沿科技
	活动与探究:氢气的性质,其作为能源的优缺点
	表达与交流:对未来家用燃料的畅想
	课堂小结:

(四) 总结与反思

"了解家用燃料的变迁与合理使用"项目涉及多个学科的内容:燃烧的条件、灭火的原理、燃料完全燃烧的重要性、易燃易爆物的安全知识是化学学科"物质的化学变化"学习主题的核心知识,化石燃料的储量与分布是地理学科的知识内容,了解燃料的变迁原因与相关政策和道德与法治、历史课程的内容相关,不同燃料热值的比较与物理、数学课程的内容相关。

相对于传统的初中化学教学,跨学科实践活动驱动学生整合知识体系,加速了课程内容体系的重新建构,是课程综合化发展的路径。义务教育化学课程要培养和发展学生的核心素养,而实施学科整合、开展跨学科实践活动能够帮助学生树立正确的化学观念,掌握科学探究的一般方法,培养严谨求实的科学态度,所以开展跨学科实践活动是培养和发展学生的核心素养的有效途径。

案例二：

"走进唐闸古镇 感受建筑古韵"教学设计

南通市张謇第一初级中学 张典

（一）课程定位

南通唐闸古镇历史悠久，是通城文化的重要组成部分。百年前，张謇在这里倡导"实业救国"的理念，唐闸成为一座工业和文化重镇，被吴良镛院士誉为"中国近代工业遗存第一镇"。大生钟楼为国家重点文物保护单位；大生码头为传统牌楼，匾额和中门石柱上的文字蕴含人文思想和时代精神；汤家巷作为古镇传统民居的典型代表，在结构、造型、建筑装饰等方面呈现出别样的艺术特色……镇内建筑具有明显的区域性、社会性和民族性特色。

美育是艺术与人文性的统一。习近平总书记在江苏考察时对历史文化街区保护传承作出重要指示："不仅要在物质形式上传承好，更要在心里传承好。"本课将地方文化引入学科美育中，让乡情走入课堂，做到资源乡土化、教育生活化，将立德树人根本任务落实到学科主渠道、课堂主阵地。

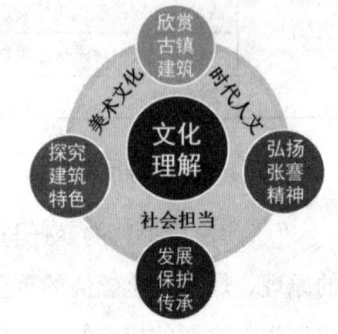

图 12　学科育人落脚点示意图

（二）学情分析

学校地处城乡接合部，生源较为复杂。部分学生的认知水平较低，对于唐闸古镇建筑的认知不够深入。但初中的学生已经具备一定的探究能力和审美素养，乐于探索身边的知识，动手实践能力也比较强，这为课程的学习打下了坚实的基础。

（三）教学目标

1. 知识与技能

（1）了解唐闸古镇的建筑特色，体会古镇建筑的文化魅力。

（2）了解建筑与气候环境、地域文化以及历史人文之间的关系。

2. 过程与方法

建设真实情境，激发学生主动探究意识。通过欣赏、探究，了解唐闸古镇的部分工业建筑和民居建筑特色。

通过课堂实践活动——筷子搭桥，感受传统建筑结构"墙倒屋不塌"的受力原理。

3. 情感、态度和价值观

通过本课的学习，了解通城古镇建筑深厚的历史文化内涵，能对家乡文化有更深层的理解和更深刻的社会担当意识。

（四）教学重难点

教学重点：了解关于张謇实业救国的工业化建筑（大生码头、大生钟楼）特点；了解唐闸古镇民居建筑特色。

教学难点：了解建筑在结构、造型、装饰等方面受当地气候环境、地域文化以及历史人文等方面的影响。

（五）教学过程

1. 课前准备

表 3　课前准备

教师活动	学生活动	设计意图
1. 设计教学实施的问题框架，制作课件。 2. 准备课堂所需材料，分好学习小组。	搜集相关资料。	做好课前准备，利于学生初步了解学习内容。

2. 教学环节

表 4　教学环节

导入启发		
教师活动	学生活动	设计意图
问题情境：播放唐闸古镇视频。 引入课题：作为土生土长的南通人，班上有多少人知道或去过？今天这节课我们一起走进唐闸古镇，感受古镇建筑之美！ 出示课题。	观看视频，进入学习情境。	创设情境，引发学生探究意识。

一、张謇与唐闸		
教师活动	学生活动	设计意图
问题情境1：百年前，张謇在唐闸实业救国，开办了大生纱厂，拉开了近代第一城的大幕。大生钟楼是唐闸古镇地标性的建筑。 围绕大生钟楼，提出问题： 观察与思考：大生钟楼由哪些部分组成？建筑呈怎样的布局特点？	• 观察建筑，在教师问题的引导下思考、判断、回答。 • 了解唐闸古镇代表性的工业建筑特点，感受张謇实业救国的精神品质。	• 了解唐闸古镇代表性的工业建筑特点，以及所蕴含的人文思想，从而使学生产生社会担当意识。

67

续表

| 问题情境2：大生码头牌楼被誉为"江苏省最美运河地标"。
围绕大生码头牌楼，提出问题：
1. 什么是牌楼？牌楼的基本结构有哪些？
2. 大生码头是几间几楼几柱式牌楼？属于我国哪种传统形式的牌楼？
3. 了解大生码头牌楼在飞檐、石鼓、牌匾等建筑构件上的特色。牌楼匾额和中门石柱上的文字，蕴含了怎样的人文思想？
教师归纳：张謇创办的大生集团是通城工业文明的重要组成部分。百年后，先贤的抱负终成现实，南通是世界闻名的"纺织之乡"，家纺产业号称"世界第三，中国第一"。 | • 了解南通是享誉世界的纺织之乡。如中国叠石桥国际家纺城、走向世界的品牌罗莱家纺等。 | • 提升学生图像识读与审美判断、文化理解的能力。 |

二、唐闸民居建筑

教师活动	学生活动	设计意图
问题情境1：汤家巷是唐闸古镇传统民居的典型代表。 围绕汤家大院（二进四合院），提出问题： （1）什么是四合院？四合院的"进"该怎么数？ （2）四合院的布局形式切合中国古代社会生活的需要。请同学们分组讨论民国时期的一家人在四合院中的居住方案，体现了怎样的社会思想？	• 在教师问题的引导下思考、判断、回答。	• 基于核心素养的综合探究。 • 鼓励学生发表自己的观点，了解四合院在布局上体现了我国封建社会的宗法礼教制度。 • 结合课堂实践活动，帮助学生直观感受传统建筑结构的受力原理。
问题情境2：图片情境驱动：观察汤家巷民居建筑。 围绕屋顶造型，提出问题： 仔细观察，古镇传统民居屋顶的形状和汉字中的哪个字较为相似？为何要用这种坡面的屋顶？	• 讨论民国时期的一家人在四合院中的居住方案，小组代表作答。 • 了解建筑屋顶造型受当地多雨气候的影响。	

续表

问题情境3：古镇这座民居，墙面和屋顶坍塌了，还屹立不倒。 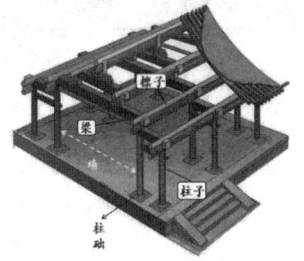 围绕"墙倒屋不塌"的原理，提出问题： （1）什么是抬梁式木结构？ （2）结合抬梁式木结构示意图，理解"墙倒屋不塌"的原理。 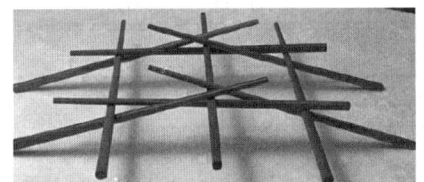 （3）课堂实践——筷子搭桥。直观感受抬梁式木结构的受力。 归纳学生回答的关键词，明确抬梁式木结构是中国工匠在营造中的重要发明。结合结构示意图以及课堂实践环节，理解"墙倒屋不塌"的原理。	• 探究传统抬梁式木结构建筑的受力原理。 • 小组合作，完成课堂活动。 	• 了解建筑在结构、造型、装饰上受当地气候环境、地域文化的影响。 • 培养学生图像识读、审美判断、创意实践的能力。
问题情境4：欣赏古镇屋顶上的建筑装饰——瓦当。  提出问题： （1）有谁认识这一建筑物件？为什么我们南通人俗称"猫儿头"？ （2）古镇里还有哪些纹样的瓦当？分别都有哪些寓意？	• 欣赏教师展示的瓦当纹样，了解其艺术特色。	

续表

三、发展、保护、传承			
教师活动	学生活动	设计意图
问题情境：习近平总书记在江苏考察时对历史文化街区保护传承作出重要指示："不仅要在物质形式上传承好，更要在心里传承好。" 教师引导：我们怎样通过自己的力量去发展、保护、传承好我们的古建筑？ 播放学生在唐闸古镇拓印建筑纹样的实践场景和作品，教师介绍部分作品纹样寓意。	学生欣赏，通过非遗技艺——拓印感受古镇建筑魅力。	引导学生开展保护与传承古镇建筑的研究的意识。 全面提高育人核心素养。

课堂总结		
教师活动	学生活动	设计意图
总结：其实唐闸古镇远不止我们今天课上讲的这些，还有很多建筑样式和民俗遗存等着同学们去发现。希望同学们利用周末或节假日去古镇看一看，了解更丰富的古建筑文化和民俗文化。	梳理总结。	鼓励学生去古镇走一走、看一看，引导学生用自己力所能及的方式为自己的家乡出一分力，助力学生文化理解能力的提升。

学习评价		
教师活动	学生活动	设计意图
对照评价量规表，师评、学生自评、互评。	自评、互评。	落实核心素养。

拓展学习		
教师活动	学生活动	设计意图
布置拓展作业： 1. 分析唐闸古镇的其他建筑特色。将搜集到的文字、图片资料，以及自己拍摄、绘制的作品进行汇报。 2. 感兴趣的同学可以尝试用拓印、摄影、手抄报等方式，再现古镇建筑的美，带来与大家一起分享。	完成拓展作业。	运用本课获取的基本知识，完成拓展学习，培养学生的美术学科核心素养。

（六）创新性教与学育人建议

创设真实情境提出问题，注重寻找能使学生犹如身临其境的建筑环境，激发探究动机，引导学生对建筑进行认知、判断和文化理解。从学生所在地区建筑的特点这个学情出发，教师调研所在地区的地理环境、风土人情等方面，分析建筑特色。

通过教师自身和身边同学的拓印实践，将实际成果带进课堂，不仅可以收获更好的教学效果，还可以开拓学生眼界，拓展学习内容。以这种学生能够实施的方式或途径，引导他们通过自己的力量保护好、传承好、发展好通城古镇的建筑文化，对家乡建筑有更深层的文化理解和更深刻的社会担当意识。

（七）板书设计

表5　板书设计

	板　书	展示区
课件投影	《走进唐闸古镇 感受建筑古韵》 1. 张謇与唐闸 2. 古镇民居建筑 3. 发展、保护、传承	课堂活动成果展示

（八）评价量规

表6　评价量规

评价指标	达成情况	自我评价	同伴互评	师评
①能独立思考、判断，完成课堂中的问题。	□未能够 0 分 □基本能够 1～2 分 □完全能够 3 分			
②能从造型、地域文化、自然条件、地理环境、人文思想等方面分析建筑特点。	□未能够 0 分 □基本能够 1～4 分 □完全能够 5 分			
③他人表述时，能注意聆听。课堂活动分工合作时，主动接受任务并完成好。	□未能够 0 分 □基本能够 1 分 □完全能够 2 分			
等级说明：满分 10 分；8 分以上为"优"；6～8 分为"良"；6 分以下为"中"。	总得分			
	等　级			

案例三

道路千万条　安全第一条
——交通信号控制系统设计教学设计

江苏省南通田家炳中学　达冰　钱凯丽

通用技术作为高中技术学科的二分之一，与信息技术存在许多交叉部分，二者融合是高中技术课堂的趋势。这次的《道路千万条　安全第一条——交通信号控制系统设计》课程的开设就是技术学科融合课程的一次初探。本堂课通用技术选自必修2《控制及其设计》部分的控制系统和开环控制系统，以学校南门的红绿灯为主线，贯穿课堂始终，按照设置任务—探究任务—完成任务的顺序完成课程。而信息技术必修1《编程计算》部分的程序分支、循环结构巧妙地融入其中，课程的设计充分体现了新课标中学科核心素养技术意识、工程思维的要求，最后学生任务的完成也体现了物化能力的培养。

（一）教学目标

（1）通过技术体验活动，理解控制系统的含义以及工作过程，熟悉简单开环控制系统的基本组成和工作过程，辨析开环控制系统的特征。会用方框图表达简单开环控制系统工作过程。

（2）能在完成项目的同时，巩固对程序的分支、循环结构的理解。能在教授的项目基础上加入自己的想法进行创造性的学习，利用数字化工具更好地进行创新。

（二）教学重点、难点

教学重点：开环控制系统的基本组成和工作过程；程序分支结构与循环结构。

教学难点：会用方框图表达简单开环控制系统工作过程；利用编程软件实现红绿灯系统的开发。

（三）教学方法

讲授法，演示法，任务引导法。

（四）教学过程

1. 情境导入

观看学校南门的红绿灯运行视频。

2. 探究任务：交通信号控制系统

表7　交通信号控制系统教学环节1

	任务一：理解控制系统
导入：掷飞镖游戏	（图：期望值→输入→大脑、手、飞镖（控制系统）→输出→落点位置）
引出	控制系统：任何控制都要通过若干个环节来实现，这些环节所涉及的装置构成了一个系统，称为控制系统。
	任务二：分析开环控制系统工作过程
导入：小电风扇工作过程	小电风扇控制系统 （图：手按下→开关→电机→扇叶→风） 开环控制系统方框图 （图：输入量→控制器→执行器→被控对象→输出量）

续表

引出：开环控制系统	开环控制系统：控制系统的输出量不对系统的控制产生任何影响，这种控制系统称为开环控制系统。 引导学生归纳出开环控制系统的一般框图： 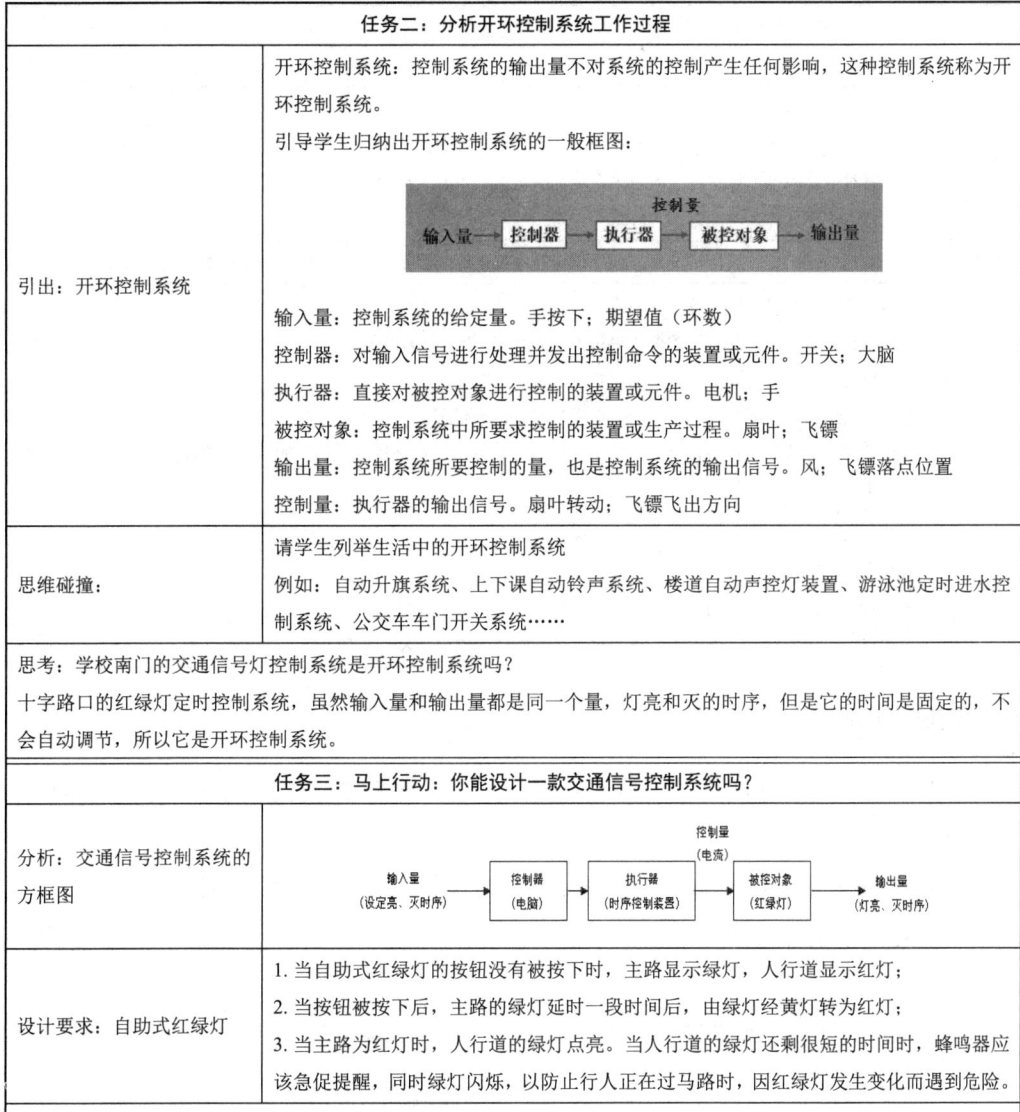 输入量：控制系统的给定量。手按下；期望值（环数） 控制器：对输入信号进行处理并发出控制命令的装置或元件。开关；大脑 执行器：直接对被控对象进行控制的装置或元件。电机；手 被控对象：控制系统中所要求控制的装置或生产过程。扇叶；飞镖 输出量：控制系统所要控制的量，也是控制系统的输出信号。风；飞镖落点位置 控制量：执行器的输出信号。扇叶转动；飞镖飞出方向
思维碰撞：	请学生列举生活中的开环控制系统 例如：自动升旗系统、上下课自动铃声系统、楼道自动声控灯装置、游泳池定时进水控制系统、公交车门开关系统……

思考：学校南门的交通信号灯控制系统是开环控制系统吗？
十字路口的红绿灯定时控制系统，虽然输入量和输出量都是同一个量，灯亮和灭的时序，但是它的时间是固定的，不会自动调节，所以它是开环控制系统。

任务三：马上行动：你能设计一款交通信号控制系统吗？	
分析：交通信号控制系统的方框图	
设计要求：自助式红绿灯	1. 当自助式红绿灯的按钮没有被按下时，主路显示绿灯，人行道显示红灯； 2. 当按钮被按下后，主路的绿灯延时一段时间后，由绿灯经黄灯转为红灯； 3. 当主路为红灯时，人行道的绿灯点亮。当人行道的绿灯还剩很短的时间时，蜂鸣器应该急促提醒，同时绿灯闪烁，以防止行人正在过马路时，因红绿灯发生变化而遇到危险。

思考：如何完成输入量？怎么设置灯亮、灭的时序呢？

同学们，这次的实践任务我们在米思奇软件环境下进行（硬件使用的arduino开发板），请大家进入软件。我们将这次实践活动进行任务分解。

表8　交通信号控制系统教学环节2

活动一	绘制流程图：学生根据设计要求，完成流程图。
活动二	分解任务一：按钮未按下时，主路的绿灯和人行道的红灯亮。
学生完成	请同学们打开"分解任务一.mix"。 1. 将程序语句放置到对应的分支结构的条件和语句体中； 2. 将对应灯的电平设置好（高电平表示灯亮，低电平表示灯灭）。 学生在系统中完成上述程序语句。教师巡视并提供帮助，同时运用手机投屏功能展示学生完成情况。

续表

活动三	分解任务二：按钮按下，主路绿灯灭，黄灯亮，延时一段时间后（1 s），主路红灯亮，人行道红灯灭，绿灯亮。
学生完成	请同学们打开"分解任务二.mix"。 1. 将程序语句放置到对应的分支结构的条件和语句体中； 2. 将对应灯的电平设置好（高电平表示灯亮，低电平表示灯灭）。 注意：主路红灯亮的同时，黄灯熄灭。
活动四	分解任务三：延时一段时间后，人行道绿灯闪烁，蜂鸣器发声，然后恢复到主路通行状态，绿灯亮。
学生完成	请同学们打开"分解任务三.mix"。 1. 将程序语句放置到对应的循环语句中（设计蜂鸣器与灯）； 2. 将对应灯的电平设置好（高电平表示灯亮，低电平表示灯灭）。 绿灯闪烁设计循环语句，请同学们巩固学习for循环语句。 自助红绿灯的实践任务已经完成，同学们通过该任务对循环语句的操作再次温故知新，也能较为熟练地运用在实践中。
实践感悟	开环控制系统优缺点总结： 优点：装置简单，成本较低。 缺点一：采用开环控制设计的系统，操作指令的设计十分重要，一旦出错，将产生无法挽回的损失。 缺点二：配备不足以处理干扰或变化。可能降低其完成所需任务的条件。

（五）课堂小结

（1）控制系统：任何控制都要通过若干个环节来实现，这些环节所涉及的装置构成的系统。

（2）开环控制系统：控制系统的输出量不对系统的控制产生任何影响。

（3）开环系统控制图：

图 13　开环系统控制图

（六）教学反思

（1）开环控制系统是生活中运用较多的控制系统，学生通过本课对生活中的开环控制系统有了初步的认识和了解。开环系统控制图仍需要课后多练习。

（2）对于知识点循环语句的理解还较为模糊，实际操作使用时还不太明确。对于程序基本结构的理解尚不足，对于分支语言运用不够熟练，导致将程序基本结构运用于实际的能力较差。

（3）信息技术和通用技术的融合课程，实践性很强，45分钟的课堂时间太紧凑，导致学生的操作时间不足。

第五章
区域教育自觉背景下的课堂追求

第一节 区域课堂教学的现状

一、区域课堂教学中教师实施现状分析

（一）教师的课堂教学理念现状分析

课堂教学理念是指教师在对教育实践深刻理解和认识的基础上，形成的关于教学活动的看法、态度和观念。教学理念体现了教师对教学目标、教学方法、学生发展、教育价值等方面的理解和信念。它具有综合性和概括性，反映了教师对教学活动的整体把握情况，包括教学的形态、结构、功能、目标、过程等方面。它指导教师的教学行为和教学方法，影响课堂教学的目标、内容、方法和评价等方面。课堂教学理念旨在促进学生全面发展，提高学生的综合素质，培养学生的创新精神和实践能力。

课堂教学理念是指教师在教学过程中所遵循的教育观念和教学价值观。在教育实践中，课堂教学理念有助于指导教师制订教学计划、选择教学方法和评价教学效果，以确保教学活动的科学高效。同时，教学理念有助于教师关注学生的全面发展，尊重学生的个性差异，激发学生的学习兴趣和潜能，促进学生形成积极主动的学习态度和习惯。总之，课堂教学理念是教师在教育教学过程中遵循的核心价值观和行为准则，对提高教育教学质量具有重要意义。

在新课标指导下，南通市区的一线教师正在逐步转变教育教学观念，注重学生核

心素养的培养，倡导以学生为中心的教学模式，充分发挥学生的主动性，提高课堂教学质量。从以下四个方面分析南通市区教师课堂教学理念现状。

1. 以人为本，立学课堂的理念在各校各科的课堂都有不同程度的校本化实践

南通市区许多教师能从学生的实际需求出发，尊重学生主体地位，设计和实施有针对性的教学活动，引导学生主动参与学习，发挥学生的主动性和创造性。但仍有一定比例的脱离学生实际，以本为本或以教师为中心的课堂。

2. 教学情境创设与实施的理念在不同学校不同学科都有形式多样的显性呈现

南通市区在教学情境创设方面，积极开展各类教学研讨活动，推动教师间的交流与合作，引导教师关注新课程、新高考或新中考的教学理念，注重创设情境、激活学生思维、问题驱动、深度学习等教学方法。在南通市区的很多课堂上，教师创设真实的学习情境，引导学生在一系列实践活动中达成核心素养的发展，有效实现学科育人的课程目标。教学情境创设与实施有利于提高教学质量，促进学生全面发展。但仍有部分课堂把知识和成绩作为首要的指标，忽视了对学生综合素质的培养，教学方法陈旧、单一、落后，基本上采用的是"满堂灌"的教学方法。这在一定程度上制约着课堂教学的效果。

3. 小组合作学习理念在不同课堂有所呈现

在南通市区课堂教学中，小组合作学习在新课程新教材改革的背景下得到了广泛的推广和实践，鼓励学生与他人合作，共同探究问题、解决问题，培养学生的团队协作能力和沟通能力。同时，学生们在完成学习任务的同时，积极思考、主动发表见解。当然，在很多市区的课堂中小组合作学习的模式仍需在实践中不断改进和优化，以更好地促进学生的全面发展。

4. 多元评价和形成性评价理念在课堂教学中有所实践

南通市区的课堂教学评价体系日趋多元化，旨在全面了解学生的学习状况，注重学生的全面发展。形成性评价也得到了广泛应用。多数教师在教学过程中，能及时发现学生的优点和不足，调整教学策略。通过课堂观察、作业批改、学生互评等方式，教师可以实时了解学生的学习状况，为学生的个性化发展提供指导。尽管多元评价和形成性评价在南通市区的课堂教学中得到了一定的落实，但仍存在一些问题和挑战。部分教师在评价过程中，过于关注学生的考试成绩，忽视了学生的全面发展。此外，评价方式仍有待进一步丰富，以便更好地激发学生的学习兴趣和积极性。

（二）教师的课堂教学行为现状分析

课堂教学行为是指在教学过程中，教师为实现教学目标、传递教学内容、促进学

生学习和发展的一系列有计划、有组织、有指导的活动。这些活动包括教师的授课、辅导、答疑、示范、评价等，以及学生的听讲、互动、练习、探讨、展示等。教学行为旨在构建良好的教学氛围，激发学生的学习兴趣和潜能，确保教学目标的达成和教育质量的提高。

课堂教学行为是教师和学生共同参与、相互影响的一种双边活动，在此过程中，教师根据预定的教学方案，运用一定的教学理论和方法，对学生进行有组织、有步骤的教学活动。现从以下方面分析南通市区教师课堂教学行为的现状。

1. 依据课程标准，明确教学目标

教学目标规定了一节课的教学内容、重点难点、学习层次水平，影响着教学策略的选择以及教学的深广度等。教学目标是教学活动的核心，是确保课堂教学质量和效果的基础，是教学活动有效性和针对性的保证。制定教学目标时，南通市区部分教师能充分考虑课程标准、教材内容、核心素养、学习层次水平等多方面因素，以确保教学目标的合理性和有效性，并能在教学过程中，根据学生的反馈和自身教学经验，不断调整和优化教学目标，以实现更好的教学效果。但部分教师在制定教学目标时，未能遵循课程标准要求，未能充分考虑南通学校学生的特点，未能注重学生全面发展，甚至教学目标不明确、针对性不强或者仅限于知识的掌握。

2. 基于教学实际，选择教学策略

教学策略是教师为实现教学目标而采取的教学手段和方法，它关注的是如何有效地帮助学生达成学习目标。教学策略可以根据不同的教学目标和教学内容进行调整和优化。在选择教学策略时，教师要结合教学实际，灵活运用各种教学方法和手段，以提高教学效果。教学策略体现了教师的教学智慧和教学艺术。南通市区多数教师能基于教学实际，选择教学策略，能够从学生多元发展角度出发，关注学生需求，运用多种教学策略，推动教育教学改革。然而，教学策略的选择与实施仍面临一些挑战，如教师对新型教学策略的掌握程度不够、教育资源分配不均等问题。因此，南通市市直学校教育管理中心和学校应继续加强教师培训，提高教学策略选择的针对性和实施效果。同时，教师应不断自觉学习和实践，提升自己的教学能力，为学生的成长提供更好的教育环境。

3. 依托教学组织，开展双边活动

依托教学组织，开展双边活动是一种有效的方式，旨在促进师生之间的互动交流，提高教学质量。在南通市区很多教师的课堂教学中，教师灵活采用提问、讨论、小组合作等方式，引导学生积极参与课堂活动，提高学生的思考和表达能力。同时，学生也可以通过这些互动活动，更好地理解和掌握知识。在双边活动中，学生的主体地位得到了充分体现。教师在活动中注重引导学生主动参与,发挥学生的自主性和创造力。双边活动采用了多种教学方法,如探究式教学、情境教学、小组合作等。这些教学方法有利于激发学生的学习兴趣,提高教学效果。双边活动使得课堂氛围变得更加活跃,学生在轻松愉快的氛围中学习,提高了学习效率。然而,双边活动在实际开展过程中也存在一些问题,如部分教师对新型教育理念和教学方法认识不足,课堂组织能力有待提高;部分学生对双边活动的参与度不高,影响了活动的效果等。

4. 注重学法指导,引导自主学习

教师在教学过程中引导学生学会学习,培养学生的自主学习能力,旨在提高学生的综合素质,使他们在不断变化的社会环境中具备持续学习的能力。南通市区在注重学法指导、引导自主学习方面取得了显著的成效。注重学法指导,引导自主学习的现状仍有待改善,许多教师在教学过程中过于注重知识的传授,而忽视了学生的学法指导。虽然在新课程改革的背景下,教师的角色发生了转变,但从现状来看,仍有部分教师未能很好地适应这一转变,他们在课堂上仍然过于强调自身的权威地位,未能充分引导学生开展自主学习。

二、区域课堂教学中学生学习参与现状分析

(一)课堂教学中学生的学习态度

课堂教学中学生的学习态度是指学生在课堂学习过程中的心理状态和行为表现,包括学生的学习兴趣、学习动机、学习信心和学习毅力等。

在课堂教学中,学生的态度决定了他们对待学习的态度,进而影响学习效果。一个积极的学习态度可以帮助学生更好地参与课堂活动,使学生主动寻求知识,勇于提问和解决问题,有利于提高课堂教学效果,促进学生对知识的吸收和能力的培养,促进学生全面发展。南通市区课堂教学中学生的学习态度总体良好,大部分教师能关注学生的心理需求,尊重他们的个性,引导他们树立正确的学习观念,激发学习兴趣,培养良好的学习态度。但仍存在学生的兴趣缺失、动机不足、学习压力大,课业负担重,考试成绩对学生的自尊心和自信心的影响很大,学生有焦虑、紧张、消极的负面情绪等问题。因此,应进一步优化教学方法,提高课堂教学质量,改善学生的学习态度。

(二)课堂教学中学生的学习表现

在课堂教学中,学生的学习表现涉及多个方面,包括参与度、学习动力、自主学习能力、合作学习能力、课堂纪律、学习方法、学习毅力等。

在南通市区,越来越多的学生在课堂教学中表现出较高的学习积极性,对学业的

重要性有清晰的认识，主动参与课堂讨论和实践活动，能够灵活运用各种学习方法，如自主学习、合作学习等，提高学习效果。然而，还有部分学生课堂主动参与不够，课堂参与缺乏有效性，形式单一；部分学生受到外部因素的影响，如家庭、社会等，导致学习动力不足，常有不遵守课堂纪律的现象，如随意讲话、做与课堂无关的事情、睡觉等；部分学生依赖于死记硬背的学习方式，缺乏灵活有效的学习策略。

根据课堂教学观察，学生在面对学习困难和挑战时，表现出不同的毅力。一部分学生能够坚持不懈，克服困难，取得较好的学习成果，而另一部分学生在遇到挫折时，容易放弃，影响学习效果。

（三）课堂教学中学生的学习效果

课堂教学中学生的学习效果指学生在课堂学习过程中所取得的收获和成长。包括学生参与程度、基础知识掌握、创新思维培养、学生个性化发展、课堂氛围等。

南通市区的多数教师能积极学习新课标、践行新理念，以目标导向、问题导向和质量导向为原则，注重为学生打好知识、文化、精神的底子，为学生的终身发展奠定基础。在教学中注重发展学生的个性，充分发掘学生的潜能，尊重学生的人格、情感和选择，为每一个学生创造适合其发展的个性化空间。南通市区课堂教学中学生的学习效果现状总体较好，并且以高质量发展为目标的课堂教学呈上升趋势。但在实际教学中，仍需关注不同学科、年级的教学质量，有针对性地优化教学方法，以提高学生的学习效果。

根据课堂教学观察和实测数据，学生的学习效果存在一定的差距。一些学生在课堂学习中能够较好地掌握知识，形成较强的学习能力，而另一些学生则在知识掌握和应用方面存在一定的困难。教师在课堂教学中应充分关注学生的需求，平衡基础知识和核心素养的培养，不断提高学生的学习效果。

三、区域课堂教学环境现状分析

（一）区域课堂教学氛围现状

课堂教学氛围是指在课堂教学过程中，教师与学生之间、学生与学生之间所形成的心理环境和文化氛围。一个良好的课堂教学氛围应当具备以下特点：

（1）师生关系和谐。在轻松和谐的师生关系中，学生更愿意积极参与课堂教学，勇于表达自己的观点，从而提高学习效果。

（2）学生参与度高。教师通过激发学生的学习兴趣，鼓励他们主动参与课堂教学，使学生在课堂上充分发挥主体作用。

（3）活跃的课堂气氛。通过课堂活动、讨论和互动，使课堂气氛活跃，有助于提高学生的思维能力、合作能力和创新能力。

（4）民主宽松的环境。教师尊重学生的个性和意见，为学生提供一个民主、宽松的学习环境，有利于学生敢于质疑、发表见解。

（5）寓教于乐。教师运用生动有趣的教学方法和素材，将知识传授与趣味性相结合，使学生在愉快的氛围中学习。

（6）拓展教学。教师注重拓展学生的知识面，引导学生关注社会、关注生活，使课堂教学更具有现实意义和时代感。

（7）尊重学生差异。教师关注学生的个体差异，因材施教，促进每个学生在其原有基础上取得进步。

（8）良好的课堂管理。教师有效地组织和管理课堂教学，确保教学活动有序进行，使学生在安全、稳定的环境中学习。

一个良好的课堂教学氛围能够激发学生的学习兴趣，提高课堂教学效果，促进学生全面发展。为了营造这样的氛围，教师需要关注学生的需求，不断调整教学方法和策略，创设民主、宽松、和谐的课堂环境。

南通市区教师的教学观念正在发生改变。越来越多的人开始关注学生，注重培养学生的自主学习能力。他们对"先学后教，以教导学，以学定教"等教育理念有了更深刻的理解，并在教学中尝试实践。教师在教学过程中注重突出学生的主体地位，控制自己的讲授时间，给予学生更多的思考、表达和练习机会。同时，他们还注重组织引导学生进行自主、合作、探究式学习，鼓励学生踊跃展示，以提高课堂教学效果。

然而，南通市区教育也有一些不足之处。例如，部分教师语速较快，多媒体使用过多，这对学生的理解和参与可能会产生消极影响。此外，教师应继续关注学生的需求，不断完善教学方法，营造更加活跃、和谐的课堂氛围。课堂教学中还应注意激发更多学生的参与热情，确保大部分同学都能积极参与到课堂教学中。同时，学校也应加强对教学的管理和指导，推动教育教学改革不断深入。

（二）区域课堂教学相关教学资源现状

课堂教学资源是指能够应用于课堂中，为课堂教学内容服务或支持课堂教学活动进行的各种有效要素的集合。课堂教学资源主要包括以下几类：

（1）文本资源：教科书、教学大纲、课程标准等。这些是课堂教学的基础内容。

（2）教师自身资源：教师的知识、经验、教学技能等。教师自身资源的有效运用可以提高教学质量。

（3）学生资源：学生的认知水平、学习兴趣、特长等。充分发挥学生资源的优势有助于提高教学效果。

（4）多媒体资源：幻灯片、视频、音频等。通过多媒体资源的应用，可以丰富教学手段，提高学生的学习兴趣。

（5）教室资源：教室内的设施和环境，如黑板、投影仪、座椅等。合理利用教室资源可以提高教学效果。

（6）外部资源：图书馆、实践基地、网络资源等。这些资源可以为课堂教学提供丰富的教学内容和支持。

在课堂教学中，合理开发和利用各种教学资源，可以丰富教学手段，提升学生的学习兴趣和能力，提高教学效果。同时，教师应根据学生的特点和教学需求，灵活运用各种教学资源，以满足不同学生的学习需求。

南通市区的教师具有较强的专业能力，在各类教学竞赛活动中，展现出良好的教学设计和实施能力。在课堂教学中，大部分教师注重创新教学内容，融合日趋丰富的教学资源，包括文本资源、多媒体资源、教师自身资源、学生资源等，打破以传统教科书为中心的教学模式，提高教学效果。

尽管课堂教学资源种类繁多，但在实际应用中仍存在一些问题。如资源选择与整合不够合理，部分资源未能充分发挥作用；教师对某些资源的应用能力不足；学生参与度不够，导致资源利用效果不佳等。教师应继续关注学生需求，加强教育教学研究，合理利用多样化资源，提高自身教学能力，以满足新时代教育发展的要求。

第二节　教研员视角下的课堂

教研员视角下，课堂是一个以研究为导向、关注教师专业成长、注重教学质量提高的平台。通过深入课堂、发现并解决问题、倡导新理念与新方法等方式，推动教育教学的改革和发展。

教研员要关注课堂教学的主阵地，通过研究课和示范课的方式，引导和带动教师队伍提升教学水平；要深入课堂，发现并解决教育教学中存在的问题；要关注教育教学的不确定性，引导教师应用人工智能和数字技术等优化课堂教学；要在听课评课的过程中，及时指出教师教学中存在的问题，纠正错误，以促进教师教学行为的规范；要创造一个安全、开放的课堂环境，鼓励教师勇于暴露问题，并在评课过程中给予有针对性的建议，帮助教师在自我纠错中成长；要关注教师队伍的整体素质，发挥教练员和伯乐的角色，搭建成长舞台，扶持教师，关注教学研究，促进教师专业发展；要制定明确的教育教学目标，指导教师依据课标、基于实际进行课堂教学改革和实践。

课堂教学的应然状态是指理想的教学模式，它关注学生的全面发展，注重培养学生的核心素养，体现教育的人本主义和素质教育的精神。应然状态下的课堂教学具有以下特点：

一、与时俱进的教师教学理念

教学理念是教师在教育教学实践中形成的关于教学方法和教育的理性认识、价值观和主观要求。教学理念包括教育宗旨、教育使命、教育目的、教育理想、教育目标、教育要求和教育原则等内容。它指导教师的教学行为，影响教学效果和学生的发展。在现代教育背景下，教学理念的创新和转变具有重要意义。以下是应然状态下的课堂教学教师需具有的一些教学理念，并以此来指导教学行为。

（一）以人为本的教学理念

"以人为本"的教学理念，关注学生的个体差异，尊重学生的兴趣和需求，发挥学生的潜能，充分调动学生积极性、主动性，促进学生全面发展。在这一理念下，教师将关注学生的需求、兴趣、特长和发展，使教学过程更加贴近学生，从而提高教学效果。以人为本的教学理念强调要关注学生差异，采取合理的教育教学方法，满足不同学生的学习需求。教师在教学过程中要充分认识到每个学生的独特性，根据学生的认知水平、兴趣和特长因材施教，尝试采用分层教学、个性化指导等方法，促进每个学生在其原有基础上取得更好的发展，提高教学质量。

以人为本的教学理念强调学生为主体，教师为引导者。在这一理念下，教师需要从传统的知识传授者角色转变为学生的引路人和伙伴。教师鼓励学生积极参与教学活动，培养学生的自主学习能力和创新精神，使学生成为学习的主人。目前，虽然仍有部分教师在教学过程中过于强调自己的权威地位，但在整体趋势上，教师的角色正在逐渐转变，更加注重引导学生自主学习。

以人为本的教学理念强调关注学生个体差异，发挥学生主体作用，培养学生的全面发展和创新能力，从而提高教学质量和培养优秀人才。近年来，随着南通市区教育改革的不断推进，越来越多的教育工作者开始关注学生个体差异，注重培养学生全面发展的素质教育。以人为本的教学理念逐渐深入人心，进行了许多校本化的实践，但仍面临诸多挑战和问题。例如，教师队伍的整体素质有待提高，部分教师在教学过程中仍然过于强调应试教育，教育资源分配不均等。

（二）自主学习的教学理念

自主学习的教学理念强调学生积极参与学习过程，自主探索、发现和解决问题。这种理念旨在引导学生自主探究、主动学习，培养学生的问题解决能力和创新精神，激发学生的学习兴趣，调动学生的积极性，培养学生科学思维能力，并养成良好的学习习惯。

教师在教学中起到引导、组织和辅导的作用，引导学生自主寻找学习资源、制定学习计划，培养学生独立学习的能力。教师可利用现代信息技术手段，如网络、多媒体等，为学生提供丰富的学习资源，拓宽学生的学习渠道。自主学习的教学理念强调教师与学生共同参与教学过程，充分发挥学生的潜能，实现教育教学的目标。这种理念有助于培养学生的综合素质，提高教育教学质量，符合现代教育的发展趋势。

自主学习的教学理念在南通市区已经得到了广泛的推广和实践。越来越多的教师认识到自主学习的重要性，开始注重培养学生的自主学习能力。在实际教学过程中，教师们纷纷尝试运用自主学习、探究学习等多元化的教学方法，通过多元化、开放性的评价方式，全面了解学生的自主学习能力、综合素质等方面的发展。然而，自主学习的教学理念在实践中仍面临一些挑战，如传统教育观念的束缚、教师专业水平的参差不齐、评价体系改革的不完善等。为进一步推进自主学习的教学理念，需要从教研活动、教师培训、课程改革、集体备课等多方面进行努力。

（三）合作学习的教学理念

《国务院 关于基础教育改革与发展的决定》中专门提及合作学习，指出要鼓励合作学习，促进学生之间的相互交流、共同发展，促进师生教学相长。合作学习是一种以学生为中心，以小组为形式，为了共同的学习目标而进行的互动和协作的教学方法和策略，鼓励学生相互合作、共同解决问题，提高学生的团队合作意识和沟通能力。

合作学习强调学生之间的互动，通过互相讨论、交流和合作，促进学生之间的相互理解和共同成长，鼓励学生积极参与，共同努力，实现目标。合作学习中，教师与学生之间的关系是相互尊重、相互信任、相互支持的，教师是引导者、组织者，学生是学习的主体。合作学习采用小组形式进行，小组成员之间相互依赖，共同完成学习任务。

合作学习积极展开小组互动，有利于营造良好的课堂氛围，有利于培养良好的非认知品质和促进师生之间的互动，有利于提高学生的学习兴趣和能力，培养社会技能等。

合作学习理念在南通市区得到积极倡导和推广，教师逐步接受，课堂实践增多，但同时在实际操作中，部分教师对合作学习理解不够深入，合作学习的组织、内容设置、评价机制等方面仍存在一定的问题。如小组合作学习中的分工不明确、学生参与度不高、教师指导不足等。

（四）核心素养为宗旨的教学理念

核心素养为宗旨的教学理念，是以培养学生具备适应终身发展和社会发展需要的必备品格和关键能力为核心目标的教育理念，是各科课程的重要理念。这一理念强调教育要关注学生的全面发展，注重培养学生的自主发展意识、社会参与意识和文化基础。在教学实践中，核心素养为宗旨的教学理念体现在尊重每个学生的特点和兴趣，引导学生思考解决问题，提高学生的实践能力，培养学生的创新意识和综合素质，引导学生树立正确的价值观念，具有人文关怀和社会责任感。

南通市区越来越多的学校开始尝试进行课堂教学改革，在实践中积极探索适合核心素养培养的教学方法，如项目式教学、翻转课堂、思维导图教学等，以期提高学生的综合素养和实践能力。教师逐渐将核心素养融入课堂教学，关注学生的主体地位，培养学生的创新能力、团队合作精神、家国情怀等。同时，课堂教学模式和评价方式也在逐步改革，以更好地衡量学生核心素养的培养成果。核心素养为宗旨的教学理念在南通市区已取得了一定的进展，但仍需在多个层面加以深化和完善，以推动教育事业的持续发展。

（五）内容聚焦大概念的教学理念

学科大概念是反映学科本质、居于学科中心地位的原理、思想和方法，具有广泛的应用性和解释力。教学过程中，教师应关注这些核心概念，帮助学生理解和掌握学科基本知识。在内容聚焦大概念的教学理念下，教师会围绕学科大概念进行教学设计，将核心概念、原理和技能贯穿在整个教学过程中。通过这种方式，教师可以帮助学生建立学科知识体系，提高学生的思维能力和创新能力。在实施内容聚焦大概念的教学时，教师需要注意整合学科内容，将不同章节的知识点进行整合，以形成完整的学习体系；帮助学生更好地理解学科知识，并建立知识点之间的联系；要突出核心概念，明确教学目标，确保教学内容紧密围绕核心概念展开。

内容聚焦大概念的教学理念注重知识体系的建立和思维能力的培养。通过围绕核心概念进行教学设计，以促进学生全面、系统地掌握知识。

在南通市区实践层面，随着教育改革的推进，越来越多的教师开始关注内容聚焦大概念的教学理念。他们尝试通过主题整合、跨学科教学等方式，将课程内容进行有机联系，提高学生的综合分析能力和问题解决能力。然而，在实际教学过程中，部分教师仍然存在对大概念理解不深、教学方法单一等问题，需要进一步培训和指导，以推动教育教学改革向纵深发展。

（六）教学过程重实践的教学理念

教学过程重实践的教学理念是指在教学过程中，教师注重引导学生参与实践活动，以提高学生的实践能力和综合素质，有利于培养学生的动手能力、创新能力、团队协作能力和实践能力，从而提高学生的综合素质。在教学过程中，教师注重将知识与现实生活相结合，开展校内外实践活动，让学生体验并明白所学知识在生活中的应用。

在南通市区越来越多的教师在教学过程中设计并实施富有成效的实践活动。越来越多的学生能够在实践中受益，提高自身综合素质。但教学过程重实践的教学理念仍面临一些挑战，如部分教师认识局限、资源有限等。因此，进一步推广和实践重实践的教学理念，需要从资源、教师培训等多方面入手，为学生提供更多实践机会，培养适应社会需求的综合素质人才。

（七）学业评价促发展的教学理念

学业评价作为一种评估手段，不是教学的附属品，而是与教学过程紧密相连的组成部分，旨在了解学生在学习过程中的表现、成果和成长需求，从而诊断、反馈和指导教学，为学生的发展提供指导和支持。学业评价不仅关注学生的知识掌握程度，还包括对学生价值观、必备品格、关键能力等方面的评价。通过有效的学业评价，可以让学生认识到自己的优势和不足，从而促使他们调整学习策略，激发学习兴趣，提高学习效果；可以让教师根据学业评价结果，了解学生的学习需求和教学效果，调整教学策略，提高教学质量。

在南通市区的教学实践中，大多数教师不再仅仅关注学生的学业成绩，而是注重学生的综合素质、创新能力、实践能力等方面的培养。然而，有效的学业评价需要注重评价方法的多样性、客观性、公正性，以及评价结果的合理运用，仍需不断探索和完善，进一步强调评价的持续性与动态性，注重评价的激励功能和评价的多元化，为培养具有创新精神和实践能力的新时代人才奠定基础。

（八）真实情境教学的教学理念

真实情境教学以现实生活中的真实问题为出发点，引导学生通过探究、分析和解决问题的过程，实现对知识的深入理解和应用。在真实情境教学中，教师不再是知识的传递者，而是学生解决问题的引导者和帮助者。教师需要具备较强的教育教学能力，善于激发学生的学习兴趣，引导他们独立思考和解决问题。真实情境教学紧密结合学生的日常生活，让学生在学习过程中感受到知识的价值，激发学生的学习兴趣和动力；强调学生的动手实践，通过实际操作和实证分析，培养学生的实践能力和创新能力。真实情境教学注重教学过程的动态调整，根据学生的反馈和实际情况灵活调整教学策略和方法，在解决问题的过程中，教师引导学生进行自我反思，总结经验教训，提高学生的元认知能力。

在南通区域教育领域，真实情境教学得到了越来越多的关注和应用。例如，在数学、科学、社会科学等学科教学中，教师通过设计真实情境，优化教学设计，将现实生活中的真实问题引入课堂，引导学生解决实际问题，提高学生的综合素质和实践能力。然而，真实情境教学在实践过程中也存在一些问题和挑战，如教师对真实情境教学理念的理解和运用能力有待提高，课堂组织和管理难度较大，以及评价方式的改革等。总之，真实情境教学是教育改革的重要方向，有利于培养学生的实践能力和创新精神，但在推广和实践中还需不断探索和完善。

（九）学科育人的理念

学科育人理念是指在教育教学过程中，以培养学生全面发展为目标，通过教授学科知识、技能和方法，引导学生形成正确的价值观、品格和能力，从而实现全面育人目标的过程。学科育人是教育的重要组成部分，具有传授知识、培养能力、塑造品格、传承文化、塑造人生观、培养创新精神、促进全面发展等价值意蕴。学科育人是教育工作的核心任务之一，这一理念旨在将学科教育与学生个体发展紧密结合，使学生在掌握学科知识的同时，形成正确的价值观、世界观和人生观，为未来的学习和生活打下坚实基础。

在实施学科育人过程中，教师应充分发挥学科教育的育人功能，根据课程特点和学生的实际情况，制定有针对性的教学策略；教师应尊重学生的个性发展，因材施教，增强学生的学习兴趣和自信心；教师应营造宽松、民主、和谐的课堂氛围，促进学生全面发展；教师应在学科教育中融入德育元素，引导学生树立正确的价值观和品格。

南通市区各级各类学校在教育教学实践中，逐渐将学科育人理念融入课程设置、教学方法、教育评价等方面。许多学校在课程建设中，注重培养学生的核心素养，关注学生的身心健康和全面发展。教师在教学过程中，也更加注重引导学生树立正确的价值观、培养创新思维和实践能力。然而，学科育人理念在实践中仍存在一些问题和挑战，仍有部分教师在育人理念和实践方面存在不足，学科育人理念仍需在理论研究、实践探索等方面继续优化，以更好地推动学生全面发展。

(十)跨学科教学的教学理念

跨学科教学理念是基于多元智能理论，以学生的多元智能发展为目标，通过整合多个学科的知识和技能，开展旨在促进学生全面发展的教学活动。跨学科教学旨在打破传统学科之间的界限，将各个学科联系起来，形成跨学科的知识网络。在这种教学模式下，教师可以根据学生的多元智能结构和需求，采用跨学科的主题教学设计，围绕一个中心主题，运用不同学科的知识和方法，开展对共同问题进行讨论和解决的教学。

在跨学科教学过程中，确定多元智能发展目标，根据学生的特点和需求进行个性化教学，激发学生的学习动机；教师需要打破学科壁垒，整合多个学科，将各个学科的知识和技能融合在一起，形成一个完整的知识体系；教师注重创设真实、生动的学习情境，让学生在解决问题的过程中，感受到学习的乐趣和价值。

在基础教育阶段，跨学科教学具有重要意义。它有助于培养学生解决复杂问题的综合能力，适应未来复杂情境下的学习、工作和生活，成为适应社会需求的应用型、复合型、创新型人才。跨学科教学不仅有助于提高学生的学业成绩，还能培养学生的创造力、批判性思维和人际交往能力，为学生的全面发展奠定基础。

跨学科教学理念在南通市区的实践中仍面临诸多挑战。跨学科教学的实践仍处于探索阶段，在现有教育体系下，学生仍然面临课业压力，跨学科教学的实践存在一定难度，不同学校、学科之间的推广程度存在差异。为成功实施跨学科教学，教师需要了解学生的多元智能结构，制定合适的教育目标，选取恰当的教学方法和教学策略。此外，教师还需要加强与其他学科教师的合作，共同探讨跨学科教学的最佳实践，以提高教育教学质量。

(十一)项目化学习教学理念

项目化学习教学理念强调将学习与现实生活相结合，以学生为中心，以实践为导向，将课程内容与现实生活紧密结合，以驱动性问题引导学生通过探究、实践、反思和展示的过程，提高综合素养和解决问题能力。

项目化学习教学理念鼓励学生关注现实生活中的问题，将学习与生活实际相结合，提高学习的实用性和针对性；以驱动性问题为核心，激发学生的求知欲和探究精神，引导学生主动参与学习过程；强调学科交叉，鼓励学生运用多种知识和技能解决实际问题，提高学生的综合素质；鼓励学生勇于质疑、敢于挑战，培养学生的批判性思维和创新意识。

项目化学习在南通区域的实践探索中，已经取得了一定的成效。同时，项目化学习在实施过程中也面临一些问题，例如，与现有课程体系融合不够充分，教师专业能力不足等。因此，需要不断研究和探讨项目化学习的有效实施策略，并在一些学校进行实践探索。

（十二）关注学生情感的教学理念

情感是人对客观事物的态度体验，对学生的现实生活和精神活动具有重要作用。关注学生情感的教学理念是指在教育教学过程中，教师重视学生的情感需求，尊重学生的个性差异，创设有利于学生情感发展的学习环境，激发学生的学习兴趣，促进学生身心健康发展的教育观念。

关注学生情感的教学理念强调教师在教育教学过程中要关注学生的全面成长，充分调动学生的积极情感，营造有利于学生发展的教育环境，使学生在愉悦的情感状态下学习、成长。这种教学理念有助于提高教学效果，提高学生的学习兴趣，激发学生的创造力，培养学生的良好品格，促进学生全面发展。教师要尊重学生个体差异，每个学生都有自己的特点和优势，教师要关注学生的情感需求，了解学生的兴趣、特长和困惑，因材施教，激发学生的潜能；教师要与学生建立良好的师生关系，关心学生的生活和学习，与学生建立深厚的师生情谊，营造和谐融洽的课堂氛围；教师要关注学生的情感，赢得学生的尊重和信任，使学生更愿意接受教育；教师要鼓励学生积极参与学习，表扬学生的优点，帮助学生树立正确的人生观和价值观，培养学生的自信心和自尊心；教师要激发学生的学习兴趣，运用丰富的教学方法和手段，创设有趣味、有挑战的学习情境，激发学生的学习兴趣和求知欲，使学生在愉悦的情感状态下学习；教师要培养学生的情感能力，要引导学生学会理解他人情感，培养学生的同理心和道德素养，帮助学生学会调节自己的情绪，培养学生积极向上的情感态度；教师要关注学生的心理健康，及时发现和解决学生的心理问题，为学生提供心理支持和辅导，帮助学生正确对待成长中的困惑和挫折。

关注学生情感的教学理念在南通区域已获广泛共识，但仍有部分教师在教学过程中忽视学生的情感需求。为进一步落实关注学生情感的教学理念，学校需继续努力，在课程设置、教学方法、教育评价和校园氛围等方面进行改革和完善。

总之，现代教学理念强调学生的中心地位，关注学生的全面发展，培养学生的创新精神和实践能力，以适应社会发展的需要。教师应不断更新教学理念，调整教学方法，为提高教育教学质量贡献力量。

二、不断完善的课堂教学实施过程

教学实施是将教学设计付诸实践的过程，它包括运用教学资源，基于学生学情，落实教学目标，营造和谐、民主的课堂氛围，改变学习方式以及优化讲练策略，注重过程性评价等方面。在教学实施过程中，教师需要融入多元教学手段灵活使用教材，创设生动的教学情境，关注不同学生的特点和需求因材施教，合理地调整和组合各个教学环节，引导学生主动参与实践，关注学生的全面发展，不断反思自己的教学方法和效果，以实现有效教学，提高教学品质。教学实施的应然状态应关注以下几个方面。

（一）教学实施的教学设计

教学设计为教学实施提供理论依据和规划指导，而教学实施则是对教学设计的具体实践和反馈。只有将二者结合起来，才能更好地实现教育教学目标，提高教学质量。

第一，需依据课程标准和学生的状态、需求，制定具体的教学目标，以便于指导教学过程，确保学生能够明确知道他们需要达到的学习成果。第二，根据教学目标设计，选择合适的教学内容，注重学科知识与实际生活的联系，激发学生的学习兴趣。第三，教学设计应具备系统性，确保教学内容、方法和评估相互关联，形成有机的整体。第四，教学设计应根据学生的能力水平，设置具有挑战性和适应性的教学内容，使学生在逐步提高的过程中体验成就感。第五，教学设计应注重培养学生的思维能力，引导他们进行深度学习，提高解决问题的能力，增强创新意识。第六，教学设计要考虑多样化的教学方法，如启发式、探究式等，引导学生主动参与学习，提高学生的思维能力和创新能力。第七，教学设计应充分利用多种教学手段和资源，如图像、音频、视频等，激发学生的多重感官参与，提高学习效果。第八，教学设计应注重知识的前沿性和拓展性，引导学生关注学科发展动态，培养他们的学科素养。第九，教学设计应鼓励学生进行合作学习，培养他们的沟通、协作能力和团队精神。第十，教学设计应尊重学生的兴趣和需求，为他们提供一定程度的自主选择权，培养学生的自主学习能力。最后，教学设计应注重评估学生的学习成果，及时给予反馈，指导学生调整学习策略，提高学习效果。

总之，教学设计应基于认知心理学原理，结合各种课程概念和适切的教学模型，创造有利于学生全面发展的学习环境，使学生在愉悦的氛围中高效地获取知识、技能和思维能力，从而实现教育教学的目标。

（二）教学实施中的讲解与说明

教学过程中的讲解和说明主要用于向学生传授知识，解释概念、原理和规律。讲解和说明是教学过程中不可或缺的环节，它们有助于引导学生理解和掌握所学内容。在教学过程中，讲解和说明的主要目的有以下几方面。

（1）阐述知识点。通过讲解和说明，教师将知识点以清晰、简洁、易懂的方式呈现给学生，帮助学生理解和记忆这些知识。

（2）解答学生疑问。在教学过程中，学生可能会对某些知识点产生疑问，教师通过讲解和说明解答学生的疑问，促使学生更加深入地理解所学内容。

（3）建立知识联系。教师通过讲解和说明，将新知识与学生已掌握的知识进行联系，帮助学生构建知识体系，形成系统化的认知结构。

（4）激发学生兴趣。讲解和说明过程中，教师可以运用生动、形象的语言和实例，激发学生的兴趣和好奇心，提高学生的学习积极性。

（5）培养思维能力。通过讲解和说明，教师可以引导学生进行思考、分析和推理，培养学生的思维能力和自主学习能力。

（6）指导实践操作。在实践性教学环节中，教师通过讲解和说明，指导学生进行实际操作，帮助学生将理论知识应用于实际情境中，提高学生的实践能力。

总之，教学过程中的讲解和说明是教师传授知识、引导学生学习的重要手段。教师应运用恰当的讲解和说明方法，提高教学效果，促进学生全面发展。

（三）教学实施中的示范与演示

教学实施中的示范与演示是指通过展示具体的操作或过程，让学生直观地了解知识点，从而提高学习效果。在教学过程中，教师可以结合实际情况，选择合适的示范与演示方式，帮助学生更好地理解和掌握知识。

在我国教育史上，示范与演示一直是教学的重要手段。例如，古代的"师说"教育方式，师父通过口传心授、示范操作等方式，传授技艺给徒弟。在现代教育中，示范与演示在各个学科领域都有广泛应用，如实验教学、技能培训等。在实施示范与演示教学环节时，教师应注意以下几点。

（1）明确目标。教师需要明确演示的目的，确保演示内容与教学目标紧密相关。

（2）选好示范方式。根据学生的认知特点和教学内容，选择合适的示范方式，如实地展示、视频播放、动画演示等。

（3）注重互动。在演示过程中，鼓励学生积极参与、提问、讨论，提高学生的观察力和思维能力。

（4）解释原理。在演示结束后，教师要对演示过程中的关键知识点进行讲解，帮助学生理解原理和方法。

（5）实践操作。教师可安排适当的练习环节，让学生亲自动手操作，巩固所学知识。

总之，教学实施中的示范与演示是一种直观、生动的教学方法，有利于激发学生的学习兴趣，提高学生的实际操作能力。在教学过程中，教师应灵活运用示范与演示手段，为提高教学质量贡献力量。

（四）教学实施中的实践与体验

教学实施中的实践与体验是一种以学生为主导，强调学生参与和实际操作的教学方法。这种教学方法旨在让学生在动手实践和亲身体验中掌握知识、技能和策略，从而提高学生的综合素质。在教学实施中，实践与体验可以通过实地考察（组织学生到户外或实地进行考察，让学生亲身感受和观察现实生活中的现象，从而引发学生对问题的思考）、实验操作（引导学生进行实验操作，让学生在动手实践中掌握知识、技能和方法）、小组讨论（组织学生进行小组讨论，让学生在互动交流中分享观点、启发思维、共同成长）、角色扮演（让学生扮演不同角色，模拟现实生活中的情境，通过亲身体验来理解和学习相关知识）、项目式学习（引导学生围绕特定课题进行深入研究，通过实践、探究、反思等过程，实现对知识的综合运用）等方式进行。教学实施中实践与体验环节具有以下几个特点。

（1）主体性。实践与体验教学强调学生的主体地位，教师的角色从传统的传授者转变为引导者、顾问和助手，引导学生自主探索和解决问题。

（2）真实性。实践与体验教学要求紧密结合现实生活，选取具有一定现实意义的课题或情境，让学生在模拟或真实的场景中进行实践。

（3）开放性。实践与体验教学过程具有较高的开放性，学生可以在活动中自由地思考、提问、讨论和表达，教师要为学生创造一个宽松、和谐的学习环境。

（4）合作性。实践与体验教学鼓励学生之间的合作与交流，通过小组讨论、合作探究等方式，让学生互相学习、互相鼓励、互相启发，共同提高。

（5）过程性。实践与体验教学关注学生探究的过程，而不仅仅是结果。教师要引导学生总结反思，关注学生在实践过程中的思考、策略和成长。

（6）目标性。实践与体验教学要有明确的目标，教师要关注学生的知识、技能、情感和价值观等多方面的培养，确保实践与体验活动和教学目标相一致。

总之，教学实施中的实践与体验是一种注重学生主体地位、培养学生创新精神和实践能力的教育方式。教师要善于运用实践与体验教学，创设有利于学生发展的学习环境，引导学生积极参与、自主探索，从而提高教学质量和学生的综合素质。

（五）教学实施中的交流与分享

教学实施中的交流与分享旨在促进学生之间的互动与合作，增加学生的学习兴趣和积极性。通过交流与分享，学生可以互相学习，取长补短，提高自己的知识和技能。同时，交流与分享也有助于培养学生的团队合作精神、批判性思维和沟通能力。在教学实施过程中，教师可以采用以下几种方式进行交流与分享。

（1）小组讨论。将学生分为若干小组，让他们针对某个主题或问题进行讨论。小组讨论有助于学生积极参与，表达自己的观点，并倾听他人的意见。教师可以在讨论过程中引导学生，确保讨论的深入性和有效性。

（2）课堂汇报。让学生在课堂上分享自己的学习成果、心得体会或研究成果。这有助于增强学生的自信心，培养他们的表达能力和批判性思维。教师在汇报过程中要给予及时的评价和反馈，引导学生不断完善自己的观点。

（3）合作学习。组织学生进行团队合作，共同完成某个任务或项目。合作学习可以让学生在实践中相互学习，发挥各自的优势，共同解决问题。教师在合作学习过程中要关注学生的进展，提供必要的支持和指导。

（4）学术辩论。引导学生就某个议题展开辩论，锻炼他们的逻辑思维和辩论技巧。学术辩论有助于培养学生独立思考、理性分析的能力，同时让他们学会倾听和尊重他人意见。

（5）教师与学生之间的互动。教师要主动与学生沟通，了解他们的学习需求和困惑，及时给予指导和帮助。师生互动有助于建立良好的师生关系，提高教学质量。

（6）家长参与。鼓励家长参与教学活动，与教师、学生共同分享学习和成长的过程。家长参与有助于形成家校共育的良好氛围，促进学生的全面发展。

总之，在教学实施过程中，教师要注重交流与分享，创造机会让学生互相学习、共同成长。通过各种形式的交流与分享，培养学生们的团队合作精神、批判性思维和沟通能力，提高教学质量。

（六）教学实施中的总结与提炼

教学实施中的总结与提炼旨在帮助学生对所学内容进行回顾和梳理，从而加深对知识的理解和记忆。总结与提炼的方法有很多，如思维导图、关键词提炼、主题总结等。

在教学过程中，教师可以引导学生运用多种方法对所学内容进行总结与提炼，从而提高学生的学习效果。例如，在讲解完一个知识点后，教师可以要求学生用关键词或短语来概括这个知识点，或者要求学生以思维导图的形式将所学内容进行梳理。

总结与提炼活动也可以促进学生之间的交流与合作。例如，教师可以组织学生进行小组讨论，要求每个小组对所学内容进行总结与提炼，然后分享给其他小组。这样，学生在交流与分享的过程中，可以相互借鉴和学习，从而提高自己的总结与提炼能力。

此外，教学实施中的总结与提炼也有助于教师了解学生的学习情况，为后续的教学调整提供依据。通过观察学生的总结与提炼成果，教师可以了解学生对知识点的掌握程度、学生的思维方式等，从而有针对性地进行教学辅导。

总之，教学实施中的总结与提炼是一种有效的学生学习方法和教师教学手段，有助于提高学生的学习效果，培养学生的综合素质。在教学过程中，教师应注重引导学生进行总结与提炼，并积极参与学生的学习过程，以提高教学质量。

课堂教学是一种教育方式，在新课程理念下，课堂教学不再仅仅是传授知识，而应着眼于学生的全面发展。课堂教学的应然状态是一种以学生为中心，关注学生全面发展、体现教育公平、注重培养学生核心素养的教学。

三、课堂教学中的学生学习

课堂教学中的学生学习是指在教师组织和引导下，学生通过聆听、思考、讨论、实践等方式，获取知识、技能、素养、情感和价值观等方面的培养与发展。课堂教学中学生学习的应然状态包括以下几个方面。

（一）积极主动地学

学生应成为学习的主体，在学习过程中自觉、自发地参与各种教学活动，发挥自己的主观能动性，积极探索知识，主动提问，勇于发表见解，不断充实自己的认知结构。学生在学习过程中应具备积极主动的态度，自觉地投入到学习活动中，主动寻求知识，探索问题，解决问题。

学生学习的积极主动性是提高教育质量的关键。教师应关注学生的需求，创设有利于学生发展的学习环境，激发学生的学习兴趣，培养学生的自主学习能力，从而提高课堂教学效果。

（二）自主独立地学

学生应具备自主学习的能力，能够根据自己的兴趣、需求和能力，主动选择学习目标、学习方法和学习资源，独立地完成学习任务，独立思考和解决问题，形成自己的观点和见解，不依赖他人，有自己的学习方法和策略。

在学习过程中，培养学生的自主独立性具有重要意义。首先，自主独立性有助于激发学生的学习兴趣和积极性，使他们更愿意投入学习。其次，自主独立性有助于学生养成良好的学习习惯，提高学习效率。最后，自主独立性有助于培养学生的创新能力和批判性思维，使他们能够在未来的生活和工作中独立地解决问题，为学生的终身学习和全面发展奠定基础。

（三）全面均衡地学

学生在学习过程中，应全面发展，注重各学科知识的均衡，确保知识体系的完整性和均衡性，形成全面的知识结构，同时关注价值观、必备品格、关键能力等方面的发展。

全面均衡地学需强化学生学科认知，掌握各学科的基本知识和技能，为今后的发展奠定基础；要关注学科之间的联系，培养跨学科思维；在课余时间鼓励学生拓展兴趣爱好，如艺术、体育、科技等，以丰富课余生活，提升个人综合素质；强化实践能力，通过实验、社会实践等活动，提高学生的动手操作能力和实际问题解决能力；注重德育，在全面发展的基础上，培养学生良好的道德品质，使他们成为有责任、有担当的新一代；落实个性化教育，因材施教，关注每个学生的特点和需求，为他们量身定制合适的学习计划。

（四）合作互助地学

合作互助地学是一种倡导学生之间相互合作、共同进步的学习方式。学生应具备良好的团队合作精神，能够与同学共同探讨问题，分享学习心得，互相鼓励，共同进步。在我国教育史上，合作学习有着悠久的历史。例如，传统的"三人行，必有我师"的理念，强调的就是学生在学习过程中相互学习、相互帮助的精神。新课程改革中也提倡小组合作学习，让学生在课堂上积极参与、互动交流，从而提高学生的综合素质。

合作互助地学是一种有利于提高学生学习效果和实践能力的学习方式，有助于培养学生的团队合作精神和综合素质。在合作互助地学的过程中，学生可以充分发挥自己的优势，同时借鉴他人的长处，达到取长补短、共同提高的目的。这种方式有助于激发学生的学习兴趣，培养他们的团队协作能力和沟通能力。此外，合作互助地学还可以促进师生之间的互动，让教师更好地了解学生的学习状况，及时调整教学方法和策略，从而提高教学质量，为学生的全面发展奠定基础。

（五）学以致用地学

学以致用地学是指将所学知识应用于实际生活中的过程，学以致用地学要求学生将在学习中获取的知识和技能与实际需求相结合，强调知识的实用性和针对性，旨在培养学生解决实际问题的能力，体现出学习的实际价值。

学以致用地学要求学生关注实际问题，以解决实际问题为目标，将所学知识与实践相结合，提高自身的实践能力和创新精神，将理论知识转化为实际成果，通过实践锻炼和提高自己的能力。学以致用强调学生要具备实用主义精神，有助于培养具备适应社会需求、具备解决问题能力的人才。

（六）自律自省地学

自律自省地学是一种倡导在学习过程中自我约束、自我反思的教育理念。它强调学生在学习过程中要遵循一定的纪律和规则，自觉地投入到学习活动中，并在学习中不断对自己的行为、思维和认知进行反思，以提高自己的学习效果和素质。

历史上，许多成功的人物都具备自律自省的品质。例如，我国古代儒家学派创始人孔子就提倡君子要有"三省吾身"的自觉，即经常反省自己的言行，以便改进和完善自己。此外，明代著名思想家王阳明提出的"知行合一"理念，也强调了知识和实践的紧密结合，要求学生在实践中检验自己的学问。

在现代社会，自律自省地学同样具有重要的意义。随着科技的发展，人们所接收到的信息越来越多，如何在繁杂的信息中保持独立思考，筛选对自己有益的知识，成为每个人都面临的课题。此外，随着竞争的加剧，人们需要不断提高自己的素质，以适应不断变化的社会环境。这时，自律自省地学习就成为提升个人竞争力的关键。

自律自省地学是一种有效的学习方法，它有助于提高个人的学习效果和素质，使个人在不断进步中实现自我价值。在学习过程中，我们应注重自我约束，培养良好的学习习惯，同时要善于反思，从自己的不足中发现问题，从而在实践中不断提高自己。

学生应在学习过程中不断进行自我反思，总结自己的学习经验，调整学习策略，实现自我成长。

总之，学生学习的应然状态是学生在学习过程中所应达到的理想状态，通过积极主动、自主独立、全面均衡、善于合作、学以致用、创新思维、批判性思考、自律自省等方面的表现，实现自身的全面发展。

第三节 指向教育自觉的课堂教学策略与实施方案

指向教育自觉的课堂教学是指在教育教学过程中，教师能够自觉地遵循教育规律，关注学生个体发展，积极引导学生自主学习，同时积极反思和改进教育教学方法，不断优化教学方法，提升教学质量，主动承担起教育责任和使命，追求教育教学的最高境界。

指向教育自觉的课堂教学实施时，教师需鼓励学生积极参与课堂，自主探索和发现问题，培养学生独立思考的能力，设计一些启发性的问题，引导学生主动思考，激发学习兴趣；教师需创设良好的学习氛围，建立和谐、民主的课堂氛围，尊重学生个体差异，关注学生的情感需求，让学生在愉悦的氛围中学习；教师需以学生为中心，关注学生的情感需求，调整教学内容和方法，使教学更加贴近学生实际。针对不同层次的学生，采用差异化教学策略，让每个学生都能在课堂上得到有效的发展；教师需运用多元化的教学方法，结合学科特点，运用讨论、分组合作、探究式学习等多种教学方法，提高学生的参与度和积极性。教师需实时反馈与评价，及时关注学生的学习进度，给予反馈和指导。采用形成性评价和终结性评价相结合的方式，全面了解学生的学习成果；教师需不断优化课堂教学结构，合理安排课堂时间，明确教学目标，确保教学内容充实且有序进行，在课堂教学中，注重知识传授与能力培养的结合，注重理论与实践相结合。同时，教师也需提升自身素养，不断提高自身教育教学能力，关注教育教学改革动态，积极参与培训和学习，以提高课堂教学质量。

指向教育自觉的课堂教学策略和实施方案旨在促进学生自主学习，提高课堂教学质量，并激发学生的潜能。在具体实施时，教育自觉视域下应从以下几个方面进行课堂教学建构。

一、以学为本的教育自觉

以学为本的教育自觉是指在教育教学过程中，将学生的学习需求、兴趣和发展放在首位，将学生的学作为教育活动的中心，充分认识到以学为本的重要性，强调学习作为个体成长和社会进步的核心动力，要求教师将学生的学视为首要任务，激发学生的学习兴趣和潜能，关注学生的个性发展，从而实现教育目标。

在以学为本的教育观念中，教师不再是知识的传递者，而是引导学生自主学习、主动探索的导师。学习不仅仅是为了获取知识，更是为了培养人、发展人。以下几点为以学为本的教育自觉的主要特点和实践方法。

（1）学生为中心。教师在教学过程中要关注学生的学习需求、兴趣和个性差异，充分发挥学生的主体作用，让学生在课堂上积极参与、自主探究。

（2）注重学习目标。明确学习目标，确保教学内容与目标相符。根据学生的实际情况，制定合理的学习目标，引导学生在学习过程中不断提高自己的能力。

（3）激发学习兴趣。运用多样化的教学方法和素材，如生动的故事、有趣的实验、实际案例等，激发学生的学习兴趣，提高学生的学习积极性。

（4）开展合作学习。鼓励学生相互合作、共同探究，培养学生的团队协作能力和沟通能力。教师在课堂上组织小组讨论、合作项目等形式，让学生在互动中学习、成长。

（5）强调实践与应用。教学过程中，教师要关注学生的实践能力培养，将理论知识与实际应用相结合，帮助学生形成解决实际问题的能力。

（6）过程性评价。注重学生的学习过程，对学生的表现、思考和进步给予及时的反馈。通过课堂观察、作业批改、学生自评等多种方式，全面评价学生的学习效果。

（7）灵活调整教学策略。教师要根据学生的学习反馈和教学过程中的实际情况，适时调整教学计划、教学方法和评价标准，以实现最佳教学效果。

（8）培养自主学习能力。引导学生养成良好的学习习惯，如制订学习计划、设置学习目标、总结学习心得等，以培养学生的自主学习能力。

总之，以学为本的教育自觉目的是在课堂上构建学生为主、教师为导的教学模式，让学生在愉悦的氛围中主动学习、全面发展。

二、依标教学的教育自觉

依标教学的教育自觉是指教师在教育教学过程中，主动遵循国家课程标准，以学生的实际需求为导向，注重培养学生核心素养，实现教育教学目标的一种自我觉醒和自觉行为。在教育实践中，教师应具备以下几方面的教育自觉。

（1）研究课标。教师应深入研究国家课程标准，理解课程性质、课程理念、课程目标、课程内容等，将课程标准作为教育教学的直接依据。

（2）践行教学改革。教师要主动适应教育改革的要求，关注学生的个体差异，采用多样化的教学方法，如大单元教学、主题式教学、项目式学习等，提高教育教学质量。

（3）关注学生发展。教师要关注学生的全面发展，注重培养学生的道德品质、学科素养、身心健康等，助力学生成长为有理想、有道德、有文化、有纪律的社会主义建设者和接班人。

（4）教—学—评一致性。教师要注重教学设计与评价的一致性，根据学业质量的学期分解进行评价实施，确保教学目标的达成。

（5）不断提升自身专业素养。教师要积极参加各类教育培训，学习先进的教育理念和教学方法，提高自己的教育教学能力，以适应教育改革和人才培养的需求。

（6）家校合作。教师要积极与家长、社会各方合作，共同为学生的成长创造良好的教育环境，助力学生全面发展。

总之，依标教学的教育自觉体现在教师对教育事业的忠诚、对学生的关爱、对教学方法的探索和对自身专业发展的追求。通过这种自觉行为，教师能够更好地履行教育教学职责，为培养社会主义建设者和接班人贡献力量。

三、注重启发的教育自觉

注重启发的教育自觉是指在教育教学过程中，教师通过提问、讨论、案例分析等方法，激发学生的思维活力，引导学生主动探究，培养学生的问题意识和批判性思维。注重启发的教育自觉以激发学生的内在兴趣、潜能和创造力为核心，引导学生主动、自觉地学习和成长。这种教育自觉体现在以下几个方面。

（1）尊重个体差异。注重启发的老师会认识到每个学生都有自己独特的能力和兴趣，因此在教学过程中会因材施教，关注每个学生的个体差异，激发他们的潜能。

（2）引导自主学习。注重启发的老师会引导学生养成良好的学习习惯，培养学生的自主学习能力。通过激发学生的兴趣和求知欲，让他们在探索中主动学习，从而提高学习效果。

（3）注重实践与思考。注重启发的教学方法强调理论与实践相结合，引导学生积极参与实践活动，通过实践锻炼学生的动手能力、创新能力和解决问题的能力。同时，鼓励学生思考问题，培养他们的批判性思维和独立思考能力。

（4）创设良好的学习氛围。注重启发的教师会努力营造一个积极、和谐、友爱的学习氛围，让学生在一个宽松、愉悦的环境中学习和成长。

（5）激发学生的内在动力。注重启发的教师懂得激发学生的内在动力是教育成功的关键，通过表扬、激励等方式，让学生感受到自己的进步和成长，从而增强学生的自信心和自尊心。

（6）注重德育培养。注重启发的教师不仅关注学生的学习成绩，还重视学生的品德教育，引导学生树立正确的价值观、道德观，培养他们良好的道德品质和社会责任感。

总之，注重启发的教育自觉旨在培养学生成为独立、自主、全面发展的个体，让他们具备良好的综合素质，成为对社会有贡献的人才。

四、倡导互动的教育自觉

倡导互动的教育自觉是指在教育教学过程中，教师和学生积极互动，通过对话、讨论、合作等多种方式，激发学生的主动性、创造性和批判性思维。这种教育自觉强调师生之间的平等交流，鼓励学生提问、表达观点、分享思考，从而形成一种良好的教育氛围。

在我国教育史上，教育家们一直重视互动式教育。例如，孔子的"教学相长"理念，强调师生之间的互动与交流；近现代教育改革家如杜威、陶行知等人，也提倡以学生为中心的教育，注重启发式教学和课堂讨论。互动式教育自觉的优势在于以下几方面。

（1）激发学生的兴趣和积极性。通过生动、有趣的互动方式，提高学生的学习兴趣，使他们更愿意投入到学习中。

（2）培养学生的思维能力。互动过程中，学生可以充分表达自己的观点，进行头脑风暴，锻炼思维能力和创新能力。

（3）提高学生的自主学习能力。互动式教育鼓励学生主动提问、解决问题，有助于培养学生的自主学习能力。

（4）增进师生感情。互动式教育有助于拉近师生之间的距离，形成良好的教育氛围。

（5）促进教学相长。教师在互动过程中，可以了解学生的需求和困惑，不断调整教学方法，提高教育教学质量。

总之，倡导互动的教育自觉有助于培养学生的综合素质，促进教育教学的全面发展。在我国教育改革的过程中，我们需要不断探索和实践，将互动式教育贯穿于教育教学的方方面面。教师与学生之间、学生与学生之间开展积极互动，形成良好的教学氛围，让学生在互动中学习、成长。

五、关注发展的教育自觉

关注发展的教育自觉是指在教育教学过程中，教师和学生都能够关注个体和社会的发展需求，以培养/成为具备全面发展能力的人才为目标。这种教育自觉体现在以下几个方面。

（1）立足时代发展的需求。教育者与学习者应关注我国社会和经济发展的现实需求，以及全球发展趋势，以确保教育教学内容与时俱进，使学生具备适应未来社会发展所需的能力。

（2）注重个体成长。教师要关注学生的个体差异，因材施教，要关注学生的全面发展，注重培养学生的创新能力、批判性思维、人际沟通等综合素质，使他们在学业、职业和人生道路上取得更好的成绩。

（3）深化课程改革。关注发展的教育自觉要求不断深化课程改革，优化课程体系，强化实践教学，培养学生解决实际问题的能力。

（4）师生平等交流。关注发展的教育自觉要求教师和学生在教育教学过程中要相互尊重、平等交流，形成良好的教育氛围。学生能积极参与学习，自主探究，提高自身素质。

六、科学评价的教育自觉

科学评价的教育自觉是指在教育活动中,教师能够自觉地遵循教育规律,对学生的学习成果进行多元化评价,关注学生的过程表现。其目的是促进学生成长、教师专业发展和提高课堂教学质量。课堂教学评价主要涉及教和学两个方面,通过对教学过程及结果的价值判断,为教学决策提供依据,并促使教师自身自觉进行教学反思,优化教学方法,提高教学质量。

教师在教学过程中要树立有科学的教育评价导向的教育自觉,在进行课堂教学评价时,首先应遵循科学、客观、公正、全面的原则,注重发挥评价的诊断和反馈作用,以实现教学评价的有效性和实用性。其次,教师要树立正确的人才观,认识到学生的全面发展才是最重要的,而非仅仅关注分数和升学率。再次,要完善教育评价体系,建立多元化、综合性的教育评价标准,既要关注学生的学业成绩,也要关注教师的教学能力和学生的道德品质、学科素养、创新能力、实践能力等多方面的发展水平,以实现全面评价。

在课堂教学评价中,评价范围包括教学内容、教学方法、教学效果等方面。评价方法可以分为定性评价和定量评价。定性评价主要通过描述性文字对教学现象进行分析和判断,而定量评价则通过量化的方式对教学指标进行评价。科学评价的教育自觉的价值在于及时发现教学问题,指导教师进行教学改进,提高教学质量。同时,课堂教学评价也有助于激发教师和学生的发展潜能,推动教育教学改革和发展。

七、积极反思的教育自觉

积极反思的教育自觉是指教师在教育教学过程中,对自己的教育行为、教育理念和教学方法进行深入思考、审视和调整,以促进学生全面发展、提高教育教学质量。积极反思的教育自觉具有以下特点。

(1)以学生为反思原点。积极反思的教育自觉以学生为中心,基于学生的需求和个性差异,调整教学策略,以满足不同学生的学习发展需求。

(2)持续学习与进步。积极反思的教育自觉使教师具备不断学习、自我完善的意愿和能力,通过反思教育教学实践,不断更新教育观念,改进教学方法,提高教育教学水平。

(3)反思与审视。积极反思的教育自觉促使教师在教育教学过程中,能够对自己的教育行为、教育理念和教学方法进行深入反思,找出存在的问题,分析原因,并采取措施加以改进。

（4）注重教育教学研究。积极反思的教育自觉促使教师积极参与教育教学研究，通过调查研究、数据分析、案例研究等方法，了解教育教学规律，提高教育教学质量。

（5）合作与共享。积极反思的教育自觉促使教师注重与同事、学生和家长之间的沟通与合作，分享教育教学经验和成果，共同促进教育教学改革与发展。

（6）个性化和创新。积极反思的教育自觉促使教师尊重学生的个性和兴趣，鼓励学生发挥特长，培养学生的创新意识，为学生提供多样化、个性化的教育服务。

总之，积极反思的教育自觉是教师在教育教学过程中的一种自我驱动、自我调整和自我提升的过程，有助于实现教育教学目标，促进学生全面发展，提高教师自身专业素养。

八、结合现代教育技术的教育自觉

结合现代教育技术的教育自觉，是指教师在教育教学过程中，充分认识到现代教育技术的重要性，并主动将其融入课堂教学，以提高教育教学效果。现代教育技术具有丰富的资源、个性化的教学手段和实时互动的优势，能够有效地激发学生的学习兴趣，提高学生的学习动机，促进学生的主动参与。在现代教育技术环境下，教师应具备以下教育自觉。

（1）转变教育观念。教师需要树立现代教育观念，认识到信息技术与教育教学的深度融合是教育发展的趋势，积极拥抱新技术，提高自身的教育技术素养。

（2）创新教学方法。教师应探索与现代教育技术相适应的教学方法，如翻转课堂、混合式教学等，以学生为中心，发挥学生的主体地位，提高教学质量和效果。

（3）合理利用资源。教师要善于利用现代教育技术手段搜寻和整合优质教育资源，为学生提供多样化的学习材料，满足学生的个性化学习需求。

（4）关注学生成长。教师要关注学生的学习过程，引导学生正确使用现代教育技术，培养学生的信息素养和自主学习能力，促进学生的全面发展。

（5）不断总结优化。教师应在教育教学实践中不断总结经验教训，调整教学策略，以实现与现代教育技术相结合的教育自觉。

总之，结合现代教育技术的教育自觉，要求教师与时俱进，善于运用现代教育技术，如信息技术、网络资源等，丰富教学手段，不断创新教育教学方法，充分发挥现代教育技术的优势，提高教学效果。

指向教育自觉的课堂教学策略和实施方案旨在促进学生自主学习，提高课堂教学质量，并使教师在教学过程中实现自我反思与成长。通过以上策略和实施方案，教师可以更好地实现教育自觉，提高课堂教学质量，促进学生的全面发展。同时，教师在教学过程中不断反思、成长，为学生提供更优质的教育资源。

第四节　指向教育自觉的课堂教学案例

案例一

植物细胞工程

江苏省南通第一中学　王萍

（一）教学分析

1. 标准解读

《普通高中生物学课程标准（2017年版2020年修订）》指出：在科学技术迅猛发展、技术产品高度融入生活的时代，获得并提升生物学学科核心素养关乎学生的发展。组织以探究为特点的主动学习是落实生物学学科核心素养的关键。以探究为特点的教学不仅会直接影响核心素养中"科学思维""科学探究"的落实，也会间接影响另外两个核心素养的达成。注意探究性学习活动的课内外结合，教师应有计划地安排好需要用一定时间才能完成的课外活动，包括必要的调查、访问、参观、资料收集整理以及观察记录等。注重科学、技术和社会的相互关系是贯穿本课程的重要主线之一，也是生物学学科核心素养达成的重要途径。课程标准多层面、多角度地强调了科学、技术和社会的相互关系。

2. 教材分析

"植物细胞工程"是苏教版选择性必修3第二章第一节内容，教材依次介绍了细胞的全能性、植物组织培养技术和植物体细胞杂交技术等三方面内容。植物细胞的全能性是植物组织培养的基础，在植物组织培养过程中需要掌握MS培养基的制备、外植体的消毒以及灭菌操作等规范操作，不同植物的组织培养条件也略有不同。植物体细胞杂交技术以植物组织培养为基础，该技术能够打破生殖隔离，克服远缘杂交不亲和的障碍。本节课既与前面必修1学习过的细胞的增殖分化相联系，同时又为即将学习的植物细胞工程的实际应用奠定了基础，因此具有承上启下的作用。

3. 学情分析

学生已经具备了细胞全能性、细胞分化、单倍体育种和遗传等方面的理论知识，虽然这为本节课的学习奠定了一定的理论基础，但是相关的实验技术难度较高、过程抽象，学生缺乏相关的实验操作经验，这就会给学生的理解带来一定的困难。因此外植体的制备、培养基的配制、植物组织培养的技术操作流程等成为本节课的重难点，需要采用有效的教学策略和教学手段完成教学活动。

（二）教学目标

概念4：细胞工程通过细胞水平上的操作，获得有用的生物体或其产品。

1.植物细胞工程包括组织培养和体细胞杂交等技术

（1）阐明植物组织培养是在一定条件下，将离体植物器官、组织和细胞在适宜的培养条件下诱导形成愈伤组织，并重新分化，最终形成完整植株的过程。

（2）概述植物体细胞杂交是将不同植物体细胞在一定条件下融合成杂合细胞，继而培育成新植物体的技术。为此，本节课确立以下教学目标。

① 通过认识到植物组织培养的基本原理是细胞的全能性，培养生命的信息观、物质观、稳态与平衡观。（生命观念）

② 通过角色扮演、卡片游戏和概念建模等方式构建出植物组织培养的流程图。在质疑、探究的学习过程中，培养学生归纳概括、推理判断和创造性思维能力。（科学思维、科学探究）

③ 通过选育优质天山雪莲来解决濒危物种面临灭绝问题，提升学生的责任担当意识，从而感悟协作求真的科学精神。（科学探究、社会责任）

④ 通过查阅植物组织培养技术在生产实践中应用的资料，拓展学生视野，激发探索生命奥秘的热情，渗透保护生物多样性的社会责任，理解科学、技术与社会三者之间的关系。（社会责任）

（三）教学策略

采用创设真实问题情境、教师引导和小组合作探究学习提升学生解决问题的能力。围绕"如何快速获得优质天山雪莲"这个核心问题，让学生完成知识的自主构建，并激发他们的科学探究意识。

（四）教学过程

表9　教学过程

学习任务	教师活动	学生活动	设计意图
创设真实问题情境，驱动学生解决问题的思维	教师播放被誉为"百草之王"的天山雪莲的有关视频：天山雪莲是新疆特有的名贵中草药，具有抗炎镇痛、抗癌、降血压、清除自由基等作用，但因其生存环境特异，生长缓慢，加上长期以来的掠夺性采挖，野生天山雪莲濒临灭绝。并提出问题：利用什么技术可以快速获得大量的天山雪莲？	认识天山雪莲的功效及其目前的生存处境。思考并回答问题。	教师选择天山雪莲这一充满神秘色彩的植物创设情境，激发学生的学习兴趣和探究欲，并促进学生联系所学知识，为课堂学习做好铺垫。
活动一：真实问题解决的理论基础——植物细胞的全能性	教师提供资料：科研人员利用天山雪莲的叶肉细胞进行植物组织培养技术获得了大量的优质组培苗，并展示该技术的主要过程图。教师提出问题：天山雪莲离体的叶肉细胞为什么能够被培养成一棵完整的植株呢？该技术的理论基础是什么？植物细胞的全能性在什么条件下能够表达？	根据植物组织培养示意图，思考从离体植物细胞能够培育得到一个完整植株的原理——回忆植物细胞的全能性。进一步思考植物细胞的全能性得以表达的前提和条件。	植物细胞工程的基础是植物组织培养，本节课的学习从植物组织培养的过程入手，以学生的已有知识经验为基础，引导学生将已学知识应用到实际生产实践中，说明植物细胞的全能性是技术实现的理论基础。
活动二：探究植物组织培养　环节一：真实问题解决的技术路线	播放自编视频：学生自编自演"一株兰花的前世今生"。拼图游戏：给每个小组分发一套组织培养不同时期的观察材料图片（①刚接种的外植体；②愈伤组织；③已诱导生芽的培养物；④已诱导生根的培养物；⑤试管苗），根据兰花组织培养自述内容，将兰花组织培养的各时期的名称与图片模型对号入座，完成拼图游戏。归纳建模：请学生用关键词"外植体""脱分化""愈伤组织""再分化""胚状体""炼苗移植""植株"和箭头画出植物组织培养流程图，归纳建构概念图。	一组学生提前学习，用拟人的口吻自述兰花的植物组织培养过程，并且录制相关视频。以小组为单位进行拼图游戏，并归纳建构植物组织培养概念图。小组代表展示流程和概念图，并且解读愈伤组织、胚状体、脱分化、再分化等概念。	角色扮演、卡片游戏和概念建模等方式，是"学习金字塔"理论在教学中的充分应用。小组活动合作学习更有利于学生的知识理解。同时充分调动全体学生的学习兴趣，通过观察、归纳与概括的科学思维解决问题，真正体现在做中学。学生在一定情境下，借助其他途径，通过意义建构方式主动建构事物的性质规律和联系，符合建构主义认知观点，进一步提升学生的科学思维和科学探究能力。

续表

学习任务		教师活动	学生活动	设计意图
活动二：探究植物组织培养	环节二：真实问题解决的方案设计	教师播放"植物组织培养实验"视频，结合植物组织培养过程示意图展示植物组织培养所用的MS培养基。 设置问题串：（1）MS培养基中添加蔗糖的目的是什么？培养基采用什么方法灭菌？灭菌时应先灭菌后分装还是先分装后灭菌？（2）对外植体进行消毒还是灭菌？植物组织培养要求无菌操作的目的是什么？（3）过程①②③分别是什么？诱导脱分化和再分化时对光照的要求如何？（4）如何调节生长素和细胞分裂素的比值以诱导愈伤组织、芽或根的形成？总结植物组织培养所需条件。引导总结植物组织培养技术概念。	观看视频、阅读教材并思考回答： （1）提供碳源，维持渗透压，防止杂菌污染。高压蒸汽灭菌。先灭菌再分装。（2）消毒。为植物组织培养提供适宜的条件。（3）①脱分化；②再分化；③诱导生芽脱分化。需要避光，再分化应该给予适宜的光照。（4）生长素和细胞分裂素的比值高，有利于根的形成；生长素和细胞分裂素的比值低，有利于芽的形成；生长素和细胞分裂素的浓度相当时，会促进愈伤组织的生长。植物组织培养所需条件：①无菌、无毒条件，离体状态；②一定的营养物质；③激素（细胞分裂素和生长素）；④适宜的温度、pH和光照等。	通过视频直观真实地感受实验具体操作，通过问题引导学生思考，促进探究植物组织培养条件的辨析，最终能够在此基础上总结植物组织培养的概念，培养学生的科学思维。 教师可引导学生将该技术的主要过程写在黑板上，"外植体→愈伤组织→生芽→生根→植株"，以此为主线，将后续植物组织培养的应用和植物体细胞杂交技术的内容融入这条主线中。这样处理不仅能持续调动学生的积极性和探究欲，还能帮助学生建构完整的知识体系。
活动三：探究植物体细胞杂交技术	环节一：真实问题解决的优化拓展——植物体细胞杂交过程	教师设置情境：科研人员分离了天山雪莲（2n=32）和莴苣（2n=18）的原生质体并将其融合，为天山雪莲新种质选育奠定了基础。并设置问题串：（1）过程①所用的酶有哪些？该过程常加入适宜浓度的甘露醇以保持一定的渗透压，作用是什么？（2）过程②所用的方法有哪些？（3）融合后是否需要筛选？为什么？如何筛选？（4）过程③密切相关的细胞器是什么？（5）过程②的原理是什么？由杂种细胞d培育成新植株体现了什么原理？（6）新植株的染色体数是多少？几倍体？是否可育？（7）该技术与杂交育种有何区别？	结合科学研究过程阐明植物体细胞杂交的基本过程。思考并回答问题，阐明植物体细胞杂交中需要注意的问题。 （1）纤维素酶和果胶酶。将细胞置于略高渗环境中，维持细胞形态，方便酶解，防止细胞死亡。（2）物理法：电融合法。化学法：PEG融合法。（3）需要。可能有其他类型融合成功的细胞。（4）高尔基体。（5）细胞膜的流动性。（6）4n=50，四倍体，否。（7）杂交育种是利用基因重组将不同个体的优良性状集中到同一个体上；植物体细胞杂交是将自发或人工融合的杂种细胞培育成新品种植物体。	植物组织培养是植物体细胞杂交的前提，在学生探究完植物组织培养的原理、过程、条件、应用等相关知识后，为了让课堂在一条情境主线的常规化探究中更有新意，使学生的思维更加深入，教师转换探究的方向，用情境将学生拉入一个新的但又紧密相关的探究视野。新情境的引领避免了活动和探究疲劳，会提高学生学习的积极性。同时，教师在新情境下设置问题串，驱动学生自主归纳和总结，以增强学生的科学思维素养。

105

续表

学习任务		教师活动	学生活动	设计意图
活动三：探究植物体细胞杂交技术	环节二：植物体细胞杂交概念及意义	总结概念和意义：教师介绍细胞杂交技术已取得的进展和尚未解决的问题，请学生总结植物体细胞杂交的概念和意义。	阅读教材，分析总结。 概念：指将自发或人工融合的杂种细胞培育成新品种植物体的技术。 意义：克服不同种植物之间杂交的不亲和障碍，打破生殖隔离，实现远缘物种之间的核质融合，再通过培养便可获得新品种植株。	使学生认同科学是一个不断发展的过程，激发学生探索生命科学奥秘的兴趣以及勇于质疑的科学精神。 联系所学知识，从遗传物质的角度思考问题，形成信息观、平衡和稳态的生命观念。
课外实践		提供实验室和制作相关材料。	尝试制作"组培苗"，调查了解植物组织培养在生产实践中的应用。	通过动手实践，切实理解植物组织培养技术的步骤和条件。通过调查实际应用，为下节课进行知识铺垫，引导学生亲身感受技术对生活的影响，渗透STS教育。
课后作业		1. 收集细胞工程的发展历程，致敬科学家，提升学生的责任担当意识。 2. "人工种子"模型制作与相关论文的研读。 3. 思考：动物细胞与植物细胞之间可以实现杂交吗？如果理论上可行，请尝试设计出具体实验方案。		

（五）板书设计

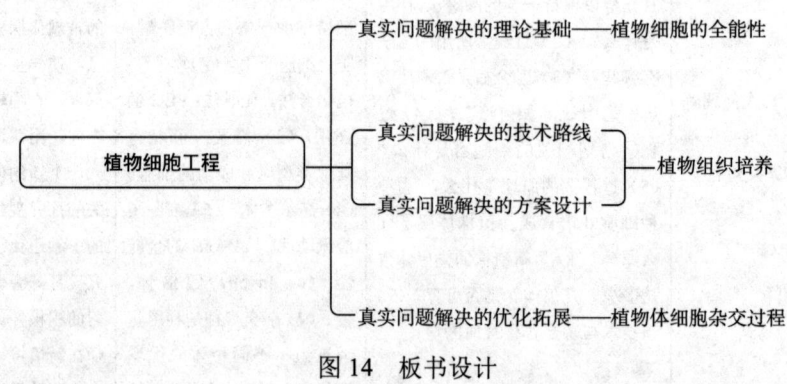

图14 板书设计

案例二

动物细胞工程及其应用

江苏省南通田家炳中学 张霞

（一）教学分析

1. 标准解读

《普通高中生物学课程标准（2017年版2020年修订）》指出：生物学是自然科学中的一门基础学科，是研究生命现象和生命活动规律的科学。它是农业科学、医药科学、环境科学及其他有关科学和技术的基础。本节内容围绕大概念"细胞工程通过细胞水平上的操作，获得有用的生物体或其产品"，旨在通过生物学知识和思维能力的学习，使学生结合生活或生产实际，举例说出动物细胞工程技术的基本原理，并能针对人类生产或生活的某一需求，选取恰当的方法，尝试提出初步的工程学构想，进行简单的设计和制作，特别是单克隆抗体在临床上的实际应用。

2. 教材分析

"动物细胞工程及其应用"是苏教版选择性必修3第二章第三节的内容，教材基于细胞层面的不同人工操作依次分析说明了动物细胞核移植技术及其应用、动物细胞培养技术及其应用、动物细胞融合技术及其应用、干细胞技术及其应用四方面内容，其中动物细胞层面的培养技术是其他对动物细胞层面的人工操作技术的基础。本节课在知识层面与必修1学习的细胞生物学知识相联系，在动手操作层面与植物细胞工程原理相关联，为即将学习的胚胎工程及其应用、基因工程及其应用奠定了基础，在教学过程中具有承上启下的作用。

3. 学情分析

学生已经完成了植物细胞工程及其应用的学习，获得了植物细胞的全能性等知识层面的认知，对植物组织培养技术、植物体细胞杂交技术的操作流程有一定了解。动物细胞工程和植物细胞工程都是基于细胞层面的操作，这为本节课的学习奠定了理论基础。但动植物细胞的差异导致的动植物技术及应用前景的差异为学生学习本节课内容带来一定的困难。

（二）教学目标

课标教学内容要求：概念4 细胞工程通过细胞水平上的操作，获得有用的生物体或其产品。

1. 动物细胞工程包括细胞培养、核移植、细胞融合和干细胞的应用等技术

（1）阐明动物细胞培养是从动物体获得相关组织，分散成单个细胞后，在适宜的培养条件下让细胞生长和增殖的过程。动物细胞培养是动物细胞工程的基础。

（2）阐明动物细胞核移植一般是将体细胞核移入一个去核的卵母细胞中，并使重组细胞发育成新胚胎，继而发育成动物个体的过程。

（3）阐明动物细胞融合是指通过物理、化学或生物等手段，使两个或多个动物细胞结合形成一个细胞的过程。

（4）概述细胞融合技术是单克隆抗体制备的重要技术。

（5）简述干细胞在生物医学工程中具有广泛的应用价值。

基于此，本节课确立以下教学目标：

（1）通过阿尔兹海默症的研究和治疗的核心问题，综合运用学科知识，分析理解解决实际问题，涵育学生严谨求实的科学态度。（科学探究、社会责任）

（2）能用生命的信息观、稳态与平衡观认识到动物细胞核移植技术的基本原理是动物细胞核具有全能性。（生命观念）

（3）从解决实际问题出发，通过概念建模等方式构建出动物细胞核移植、动物细胞融合（包括单克隆抗体的制备）等技术的流程图，在探究过程中培养学生的归纳与概括、创造性思维等科学思维。（科学思维、科学探究）

（4）通过"搜集单克隆抗体在临床上实际应用的资料"等活动，基于干细胞技术在生产生活中具有应用价值等事实，能感悟到动物细胞工程的广泛应用前景，并能认识到生物科学技术对社会发展的作用。（社会责任）

（三）教学策略

本节课涉及的技术种类比较多，技术环节复杂，学生缺乏直接经验。教学中充分利用教材，聚焦大概念，学习每项技术的关键流程。借助学生已有的知识经验以及多媒体资源和教具辅助，引导学生自主学习和实验操作，创设真实的情境，围绕"阿尔兹海默症的研究与治疗"这个核心主题，基于任务驱动来建构技术流程，从而帮助学生形成生命观念和科学思维，增强探究意识和社会责任感。

（四）教学过程

表 10　教学过程

学习任务	教师活动	学生活动	设计意图
创设情境，导入新课	教师播放阿尔兹海默症（AD）相关视频：阿尔兹海默症是一种起病隐匿的进行性发展的神经退行性疾病，是老年痴呆症最常见的一种类型，主要机制是β-淀粉样蛋白（Aβ）和微管相关蛋白 Tau 积累，在大脑神经元之间形成的斑块具有神经毒性，导致神经元大量死亡。AD 及相关痴呆症是导致我国人群死亡的第五大原因。 目前，在阿尔兹海默症的研究和治疗上有以下方案： 方案一：利用动物体细胞核移植技术，克隆疾病猕猴，获得遗传背景一致的多只疾病模型动物，用于药物研究。 方案二：利用动物细胞融合技术，生产治疗阿尔兹海默症的药物仑卡奈单克隆抗体，用以清除 Aβ 蛋白。 方案三：利用干细胞技术，诱导干细胞分化为神经元，修复损伤的神经组织。 以上方案的实施都要依赖于哪种最基本的动物细胞工程技术？	• 认识阿尔兹海默症的致病原因及现状。 • 了解研究和治疗阿尔兹海默症常见的方法和涉及的细胞工程技术，理解动物细胞工程技术中最基础的技术——动物细胞培养。	教师选择学生熟悉的阿尔兹海默症创设情境，激发学生的探究欲，培养学生关注健康、乐于探索的责任态度，为本节内容的学习做铺垫。

续表

学习任务		教师活动	学生活动	设计意图
活动一：探究动物细胞培养技术	环节一：动物细胞培养技术的基本条件和流程	教师设置问题串： (1) 若使用组织或器官进行动物细胞培养，在培养前需要对组织块怎样处理？可以采用哪种温和的方法？ (2) 根据物理性质划分，培养动物细胞的培养基是什么类型？为什么？ (3) 可以用胃蛋白酶分散细胞吗？为什么？ (4) 细胞培养一段时间后，分裂受阻，若想获得大量的动物细胞，怎样解决这一问题？贴壁的细胞怎么脱落？ (5) 体外培养哺乳动物细胞应该提供怎样的环境条件？提供哪些物质？ (6) 如何满足细胞培养所需的无菌、无毒环境？ 引导总结动物细胞培养技术概念，初步构建动物细胞培养的流程。 引导学生根据提供的试剂和实验流程，配置 DMEM 培养基，包括试剂的溶解、调节 pH 达到 7.2～7.4、利用 0.22 μm 微孔滤膜过滤除菌、分装、保存等步骤。	思考并回答：(1) 在无菌条件下，取出动物组织块，可以剪碎，然后用酶处理，形成分散的悬浮细胞。(2) 培养动物细胞的培养基应选择液体培养基，因为动物细胞培养实际上是体外模拟体内的生理条件，大多数动物细胞是浸润在以水为基础的液体环境中。(3) 不可以，胃蛋白酶作用的适宜 pH 约为 1.5，当 pH 大于 6 时，胃蛋白酶就会失活。胰蛋白酶作用的适宜 pH 为 7.2～8.4。(4) 可以使用胰蛋白酶分散细胞，将细胞转移到新的培养液中，可继续进行传代培养。(5) 培养动物细胞需要严格的环境条件，包括温度、pH、合适的气体等；营养物质，包括葡萄糖、氨基酸、无机盐、微量元素、维生素、促生长因子、血清等。(6) 需要对培养基和培养器具进行无菌处理，必要时可添加适量抗生素，还需要定期更换培养液。	通过问题串启发学生深度思考，分析在动物细胞培养过程中的真实问题，并利用已有的生物学知识解决这些问题。在活动中，学生不仅加深了对知识的理解，也逐步发展了思维。最终，能够主动总结出动物细胞培养技术的概念，并自主构建技术流程。
	环节二：动物细胞培养技术的应用	设置问题串： (1) 什么是原代培养？原代培养获得的大量细胞有什么应用？ (2) 什么是传代培养？为什么要分瓶传代培养？ (3) 癌细胞在体外培养时会发生接触抑制吗？为什么？ 教师介绍动物细胞培养技术的应用。	思考并回答相关问题。了解动物细胞培养具有的广阔应用前景。	在掌握动物细胞培养的基本条件和流程后，讨论原代培养和传代培养以及动物细胞培养技术的应用，这些进阶问题的创设有助于推动学生的学习进程，帮助学生积极主动投入到学习活动中去，发展学生的科学思维能力。

续表

学习任务		教师活动	学生活动	设计意图
活动二：实现方案一的技术——动物细胞核移植技术	环节一：动物细胞核移植技术基本流程	教师提供资料：中国科学院神经科学研究所科研人员利用基因编辑成功构建了世界首批基因敲除的疾病猕猴，并对该疾病猕猴进行了克隆，获得多个疾病模型动物。这一技术将推动阿尔兹海默症的新药研发进程。学生自主构建该克隆技术流程图。 教师设置问题串： （1）如何获得体细胞和卵细胞？ （2）卵母细胞需要在体外培养到什么时期？ （3）在核移植前，需要先对卵细胞进行什么操作？为什么？ （4）如何将早期胚胎培育为个体？ （5）该技术的原理是什么？涉及的细胞分裂方式是什么？ （6）利用该克隆技术获得的个体会遗传代孕个体的性状吗？为什么？ （7）研究发现，获得的克隆个体中，有些性状与提供卵母细胞的个体相似，为什么？ （8）根据核细胞的不同，动物细胞核移植有哪些种类？哪种难度更高？ 教师引导学生总结动物细胞核移植的概念、原理、类型。	结合已学知识，初步构建克隆疾病猕猴的流程。 体细胞的细胞核 去核的卵母细胞 ↓ 重组细胞 ↓ 早期胚胎 ↓ 将胚胎移植到受体母猕猴体内 ↓ 克隆猕猴 思考并回答问题，阐明克隆动物的遗传物质来源。认识到动物体细胞核具有全能性。	让学生自主构建技术流程图，并通过思考问题理解该技术流程中的关键环节，深化学生对动物细胞核移植流程和基本原理的认识。
	环节二：动物细胞核移植技术的应用	教师组织学生汇报课前搜集的关于动物细胞核移植技术的应用实例。师生总结应用前景。 （1）利用体细胞核移植技术保护濒危物种。如运用动物体细胞核移植技术繁殖大熊猫。 （2）利用体细胞核移植技术培育优良畜种。如高产奶牛。 （3）利用体细胞核移植技术培育转基因动物。如培育人乳铁蛋白转基因克隆牛。 （4）利用胚胎细胞核异种移植进行鱼类品种改良。如我国科学家童第周首次进行异种动物细胞核移植，将鲤鱼的胚胎细胞核移植到鲫鱼的去核卵细胞内，培育"鲤鲫鱼"。	汇报动物细胞核移植技术的应用实例。	培养学生表达与交流能力，让学生切实感受到动物细胞核移植在生产、生活中的广泛应用。介绍我国科学家的研究成果，增强学生的民族自豪感。通过异种生物核移植实验，发展创新思维。

续表

学习任务		教师活动	学生活动	设计意图
活动三：实现方案二的技术——动物细胞融合技术	环节一：动物细胞融合流程	教师提供资料：2024年1月9日，有史以来第二种治疗阿尔兹海默症的药物仑卡奈单抗在我国获批上市。仑卡奈单抗是一款抗淀粉样蛋白（Aβ）的免疫球蛋白γ1（IgG1）单克隆抗体，通过针对并清除持续积累的最具神经毒性的Aβ蛋白，并清除现有斑块，以治疗阿尔兹海默症，并提出问题：利用什么技术可以快速产生化学性质单一、特异性强的抗体，即单克隆抗体？ (1) 什么细胞能产生抗体？它能否大量繁殖？ (2) 什么细胞能够无限增殖？它能否产生抗体？ (3) 如何创造出一种既能分泌抗体又能大量繁殖的细胞？ 引导学生初步建构动物细胞融合技术流程图和概念。 学生阅读教材P66～P67相关内容，思考以下问题： (1) 诱导动物细胞融合的方法有哪些？各有什么优缺点？ (2) 观察图片，分别描述在生物、化学和物理方法的促融合作用下，两个或多个动物细胞融合为一个细胞的过程。 (3) 观察图片，总结动物细胞融合技术和植物体细胞杂交技术的主要区别。	学生思考、回答： (1) 浆细胞能分泌抗体，但是不能大量繁殖； (2) 肿瘤细胞能无限增殖，但不能分泌抗体。 (3) 通过动物细胞融合技术可以将浆细胞和肿瘤细胞融合成既产生抗体又能无限增殖的杂交细胞。 阅读教材，总结诱导动物细胞融合的方法。 描述动物细胞融合的过程，比较动、植物融合技术的不同。	• 设置问题情境，引导学生说出动物细胞融合技术，不仅能培养学生的创造性思维，还能调动学生的求知欲和好奇心。 • 通过阅读教材、图片，提高学生分析资料、获取信息的能力，通过分析、对比，让学生初步了解动物细胞融合技术的概念和流程。

续表

学习任务		教师活动	学生活动	设计意图
活动三：实现方案二的技术——动物细胞融合技术	环节二：单克隆抗体的制备过程	教师提供蓝色圆形贴纸（代表骨髓瘤细胞）、其他不同颜色的圆形贴纸（代表多种B淋巴细胞）以及小鼠、抗体贴纸等，设置问题串，学生思考并讨论单克隆抗体制备的关键问题，利用贴纸建构单克隆抗体的制备流程。 (1) 如何诱导小鼠分化出产生特定抗体的B淋巴细胞？怎样获取B淋巴细胞？ (2) 所有细胞都发生融合了吗？若融合仅考虑两两融合，会有哪些情况？ (3) 如何从中获得杂交瘤细胞？ (4) 筛选出的杂交瘤细胞都是我们所需要的吗？筛选出其中能产生特定抗体的杂交瘤细胞依据的原理是什么？ (5) 获得产生特定抗体的杂交瘤细胞后，如何获得大量的单克隆抗体？	(1) 对小鼠注射特定的抗原蛋白能诱导小鼠产生分泌特定抗体的B淋巴细胞。从小鼠的脾中获取B淋巴细胞。 (2) 认识到还存在未融合细胞和同种核融合的细胞，列举两两融合的细胞类型。 (3) 需要进行筛选得到杂交瘤细胞。 (4) 认识到从小鼠脾脏中能分离到多种类型的B淋巴细胞。需要经过筛选得到产生特定抗体的杂交瘤细胞，筛选依据的原理是抗原抗体杂交。 (5) 需要培养杂交瘤细胞使其增殖，增加细胞数量，从而获得大量的单克隆抗体。	通过一系列启发式和递进式的问题，引导学生建构单克隆抗体的制备过程。在这个过程中，学生通过分析、推理，解决流程中的关键技术，学生的科学思维得到了进一步的发展。
	环节三：单克隆抗体的应用	课前，将学生分成多个小组，每个小组选择"疾病的诊断"或"疾病的治疗"一个方面，搜集单克隆抗体在临床上的实际应用。学生汇报搜集到的资料，并讨论以下问题： (1) 单克隆抗体在临床上的实际应用与单克隆抗体的特性有什么关系？ (2) 单克隆抗体在临床上可能有哪些实际应用？	思考，讨论。 尝试总结单克隆抗体的特点：可以高度特异性地识别抗原，能够识别和结合特定抗原，化学性质单一，可以大量制备。	培养学生搜集信息、表达与交流的能力，认识科学、技术与社会发展的关系，认同单克隆抗体的广阔应用前景。

续表

学习任务		教师活动	学生活动	设计意图
活动四：实现方案三的技术——干细胞技术	环节一：干细胞技术	教师提供资料：有关干细胞治疗阿尔兹海默症的临床研究逐年增多，其中最常使用的干细胞有神经干细胞、间充质干细胞、诱导多能干细胞等，干细胞可以直接诱导神经元和突触再生。 由此引出干细胞技术是在动物细胞培养技术上发展起来的一项新技术，曾被评为世界十大科学成果之首。 学生阅读教材 P69 相关内容，思考讨论以下问题： (1) 什么是干细胞？ (2) 观察图片，与正常体细胞相比，干细胞的细胞核体积和细胞体积大小如何？ (3) 干细胞有哪些类型？分别有什么特点？ (4) 比较三种干细胞的分化程度。	通过阅读教材，归纳出干细胞的概念、特点和类型。	继续利用阿尔兹海默症这一疾病的治疗为线索，引出干细胞技术。
	环节二：干细胞技术应用	课前，学生收集干细胞技术在疾病治疗和新药研制与开发等方面的应用信息，结合教材 P70 相关内容和搜集到的资料，课上讨论并交流以下问题： (1) 自体干细胞移植具有什么优势？ (2) 干细胞技术利用了干细胞的什么特性？可以应用于哪些类型疾病的治疗？ (3) 如果确定某人因为其胰岛中的 B 细胞功能丧失，不能分泌胰岛素而患糖尿病，你能设计出采用干细胞技术治疗这种糖尿病的方案吗？ (4) 干细胞技术在新药研制和开发方面具有什么应用？	认同干细胞技术在疾病治疗和药物研发方面的应用前景，说出干细胞技术的优势与应用具体实例。	培养学生搜集信息、沟通与交流能力，增强团队合作意识。促进学生能够以造福人类的态度和价值观关注社会议题，积极运用生物学的知识和方法，参与讨论并作出理性解释。
课外实践		1. 登录国家虚拟仿真实验教学课程共享平台（https://www.ilab-x.com/），完成动物细胞培养和单克隆抗体制备的虚拟仿真实验。 2. 搜集阿尔兹海默症和中华骨髓库相关资料，开展专项课外实践活动和志愿服务，向身边的人介绍阿尔兹海默症及捐献造血干细胞的相关知识。		进一步发展学生实验能力和责任素养。
课后作业		1. 思考阿尔兹海默症的其他治疗方案或治疗思路。 2. 思考：动物的精子或者未受精的卵细胞能发育为个体吗？ 3. 查阅资料：器官移植后，受者机体常常对异体器官产生免疫排斥反应。能不能利用本节课学习的动物细胞工程技术来解决这个问题？ 4. 植物组织培养技术和动物细胞培养技术的差异性比较。		

(五) 板书设计

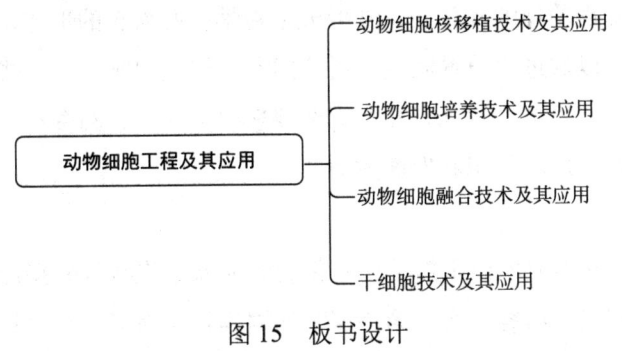

图 15 板书设计

案例三

胚胎工程及其应用

南通大学附属中学 王丽芬

(一) 教学分析

1. 内容分析

《普通高中生物学课程标准（2017年版，2020年修订）》指出：生物学学科核心素养包括生命观念、科学思维、科学探究和社会责任，社会责任是指基于生物学的认识，参与个人与社会事务的讨论，作出理性解释和判断，解决生产生活问题的担当和能力。生物技术与工程部分主要涉及现实生活应用、职业规划前瞻及学业发展基础三个方向的模块。

"胚胎工程及其应用"一节是苏教版选择性必修3第二章第四节的内容，本节对应课标中的大概念为"对动物早期胚胎或配子进行显微操作和处理以获得目标个体"。具体涉及2个次位概念，分别是"简述胚胎形成经过了受精及早期发育等过程"和"简述胚胎工程包括体外受精、胚胎移植和胚胎分割等技术"。在教学过程中设置具体情境，以问题串引导学生进行探索和思考，分析技术中的理论基础，技术操作中的注意点，培养学生的科学思维和社会责任意识。

教材安排了一个"积极思维"、两个"知识链接"、一个"放眼社会"、一个"跨学科视角"，这些板块的安排使学生的思维有立足点、探索有方向性，同时也能进行比较、分析等方面的技能训练，更注重学科间的交融，可以培养学生的生物学科核心素养。本节课的教学设计依据新课程的基本理念，以设置情境、资料分析、小组合作、构建模型等教学方式，促进学生对精子形成、卵细胞形成、受精作用、早期胚胎发育、胚胎工程技术等知识的理解和掌握，并促成生物学核心素养的形成。

本节课教学可以通过"设置问题—讨论问题—解决问题"的方式进行，采取层层相扣的设问引发学生思考，找寻真知。本节课还引导学生查阅资料，了解胚胎工程在育种中的研究历程、广泛应用和发展方向。

2. 学情分析

学生在必修 2 学习时已经掌握了精原细胞和卵原细胞减数分裂形成精子和卵细胞的过程、受精作用这些内容，所以第一课时的内容相对而言不是很复杂，但这一节中关于卵细胞形成过程的介绍和必修 2 内容有不同之处，教学过程中需要和学生解释清楚。教学过程中引导学生对精子形成和卵细胞形成过程进行比较分析，形成整体认知。第一课时中关于胚胎的发育过程是理解第二课时胚胎工程的基础。

教学过程中通过具体情境分析，帮助学生从理论走向实践，本节课的重点内容是胚胎移植技术和胚胎分割技术，难点是技术的原理。教学过程中要设计一系列具有启发性的问题，帮助学生思考和理解关键点。

（二）教学目标

课程标准对于本节"内容要求"：简述胚胎形成经过受精及早期发育等过程；简述胚胎工程包括体外受精、胚胎移植和胚胎分割等技术。教材中"积极思维"安排的是"哺乳动物的精卵是如何完成受精的"，讨论交流哺乳动物的受精过程，解释由一个受精卵形成多细胞胚胎是否是细胞有丝分裂的结果。为此，本节内容确立以下学习目标：

（1）简述胚胎形成经过了受精及早期发育等过程。（生命观念、科学思维）

（2）简述胚胎工程包括体外受精、胚胎移植和胚胎分割等技术。（科学探究、科学思维）

（3）通过资料分析和实例探讨，认同胚胎工程在家畜、珍稀动物繁育中的应用价值。（生命观念、社会责任）

（三）教学策略

关于"哺乳动物胚胎发育的基本过程"的教学，采用自学、讨论、归纳等方式进行，引导学生总结精子和卵细胞形成的异同点。

关于"体外受精技术、胚胎移植技术、胚胎分割技术"的教学，将"如何拯救北部白犀牛"作为主线串联课堂内容，引导学生在技术操作层面进行探索，有利于学生将理论知识用于实际，并在学习过程中形成社会责任意识。通过与"克隆动物"进行比较，引导学生归纳两种方法的异同点，培养学生知识迁移能力。

关于"胚胎工程应用"方面，组织学生进行搜集资料、交流汇报。

这部分知识微观抽象，学生没有直观的感受和体验，理解起来比较难，教学过程中采用多个视频进行直观教学，另外采用多媒体课件、磁片构建知识框架等辅助教学。

（四）教学过程

1. 课前准备

学生以小组为单位搜集胚胎移植、胚胎分割技术的应用，以图文形式制成PPT，准备课上交流讨论。

2. 教师准备

（1）将学生分成多个小组，分工合作进行资料收集。

（2）编制活动单和PPT。

表11　教学过程（第一课时）

第一课时：哺乳动物胚胎发育的基本过程			
学习任务	教师活动	学生活动	设计意图
课堂导入	播放视频《女科学家——中国胚胎移植拓荒者》。 设疑：进行胚胎移植的前提是获得胚胎，那么胚胎是如何形成的，又是如何发育的呢？	联系必修2减数分裂和受精作用的知识，说出精原细胞减数分裂产生精子，卵原细胞减数分裂产生卵细胞，精子和卵细胞结合形成受精卵，受精卵发育形成胚胎。	通过视频可以了解到我国早在20世纪70年代就已经开始了胚胎移植的研究，让学生对我国生物技术研究有自豪感，并从视频中了解到科学工作者的艰辛，也了解到育种工作这份职业。
一、精子和卵细胞的形成	展示减数分裂过程图。 引导学生阅读教材73页的内容。 提问： (1)精子和卵子形成的场所、时间、过程以及遗传物质的变化分别如何？ (2)精子形成过程中发生了哪些变化？ (3)精子和卵细胞形成过程中有哪些异同点？ 【拓展总结】 (1)不同动物排出的卵子成熟程度不同，刚排出的卵子尚未成熟，卵子要发育到MⅡ期时，才具备受精的能力。 (2)卵子的减数第二次分裂是在精子和卵子结合的过程中完成的。	阅读图形和课本内容。 (1)完成学案中的表格内容，并进行小组内的交流。 | | 精子形成 | 卵细胞形成 | |---|---|---| | 场所 | | | | 时间 | | | | 过程 | | | | 结果 | | | | 遗传物质 | | | (2)思考回答： 精子的变形 ①细胞核→精子头的主要部分 ②高尔基体→头部的顶体 ③中心体→精子的尾 ④线粒体→聚集在中段形成线粒体鞘 (3)以牛为例，卵细胞形成的特点——时间上的不连续性。	学生通过阅读图形和教材内容，自主构建精子和卵细胞的形成过程，提高获取信息、概括知识的能力。通过学生的自我展示及同学间的相互评价，培养学生的表达能力

第一课时：哺乳动物胚胎发育的基本过程			
学习任务	教师活动	学生活动	设计意图
二、受精作用	播放《受精作用》视频。 引导学生自主阅读教材72页"积极思维"中的文字和图片。 引导学生总结： (1)卵细胞的激活过程。 (2)哺乳动物受精的主要过程。 (3)受精的标志和受精过程完结的标志。 (4)如何阻止多个细胞进入卵细胞？ (5)由一个受精卵形成的胚胎细胞中的细胞核遗传物质是否相同？	学生阅读讨论，在了解了卵细胞形成过程的基础上用图形形式表示卵细胞的激活过程和受精过程。 (1)卵原细胞→初级卵母细胞→次级卵母细胞+极体→完成减数第二次分裂 (2)精子释放顶体酶穿越放射冠→卵子穿越透明带→卵母细胞质与精子细胞核融合→受精卵形成，新生命开始→雌雄核融合→形成雌雄原核 思考、回答： (3)受精的标志是精子进入次级卵细胞。受精完成的标志是雄原核和雌原核的融合。 (4)透明带变化和细胞质膜的变化形成阻止其他精子进入的屏障。 (5)不考虑突变，胚胎细胞中核遗传物质相同，因为受精卵形成后进行的是有丝分裂。	引导学生通过过程图的绘制强化对知识点的理解，形成正确的生命观念，提升学生的归纳表达能力。 为第二课时的胚胎工程技术的难点学习打下基础。
三、胚胎发育过程	过渡：受精作用完成形成受精卵，胚胎发育开始。 胚胎发育经历了哪些阶段？各个阶段有哪些特点呢？ 带着问题观看视频《胚胎的发育过程》。 (1)小组合作，用文字和箭头的方式表述胚胎发育的过程并展示。 (2)解释几个名词： ①桑椹胚；②囊胚；③原肠胚 (3)思考： ①精子和卵子结合形成受精卵的场所是哪里？ ②胚胎植入子宫时是什么时期？ ③细胞分化开始于哪个时期？ ④推测适合进行胚胎移植的时期。	(1)观看视频后阅读教材74～75页的内容。小组合作通过文字和箭头的形式将胚胎发育的基本过程描述出来，包括各阶段的名称、时间、场所等。 展示流程图。 受精卵→桑椹胚→囊胚→原肠胚→胚层分化→胚胎→婴儿 胚卵期(第1周,输卵管) 胚胎期(第2～8周,子宫) 胎儿期(第9～38周,子宫) (2)名词理解： ①桑椹胚：受精卵向子宫腔移动，并多次分裂（卵裂），形成实心细胞团（桑椹胚）。 ②囊胚：胚胎继续分裂形成囊胚，囊胚时期分化形成滋养层和内细胞团（聚集在囊胚一端的细胞）。 ③原肠胚：囊胚植入子宫内膜，囊胚壁逐渐发育为滋养层，内细胞团逐渐发育形成二胚层的胚盘，然后继续发育为三胚层的原肠胚。 (3)讨论回答： ①精子和卵子结合形成受精卵的场所是输卵管。 ②囊胚植入子宫内膜，称为着床，胚卵期结束，进入胚胎期。 ③囊胚期出现滋养层和内细胞团的分化。 ④囊胚期及之前胚胎适合进行胚胎移植。	培养学生自主学习、归纳总结的能力，培养学生分工合作、交流沟通、大胆表达的能力。

续表

第一课时：哺乳动物胚胎发育的基本过程			
学习任务	教师活动	学生活动	设计意图
拓展延伸	引导学生阅读教材75页"放眼社会"内容，课后查阅资料了解产前检查和产前诊断的重要性。	通过网络资源搜索了解产前诊断的一般程序、了解产前检查和诊断对于健康的重要性，了解生命诞生的不易。	将有限的课堂进行延伸，引导学生思考形成正确的生命观念。

表 12　教学过程（第二课时）

第二课时：体外受精技术、胚胎移植技术、胚胎分割技术			
学习任务	教师活动	学生活动	设计意图
课堂导入	视频播放北白犀牛的现状。曾经遍布非洲中、东部地区，由于传统医学和手工艺品对犀牛角的需要，多地的北白犀牛被疯狂猎捕，现只存两只雌性北白犀牛。科学家们尝试利用现代生物技术保护濒危北白犀牛。	认真观看并思考如何利用现代生物技术保护濒危北白犀牛。 （1）利用细胞核移植技术繁育北白犀牛。 （2）通过胚胎工程技术繁育北白犀牛。	（1）了解人类活动对于珍稀动物的影响。 （2）思考如何参与保护珍稀动物的行动中。 （3）设计串联整节课的情境。
一、体外受精技术	过渡：如果进行胚胎工程技术**繁育北白犀牛**，需要进行哪些操作？ 设问：北白犀牛目前仅存的都是雌性，如何完成受精作用形成新的生命。 （1）何为体外受精技术？ （2）体外受精技术包括哪些主要步骤？ 活动一： 学生分组讨论如何获得白犀牛的胚胎，用流程图形式进行汇报。 思考： 通过体外受精技术获得受精卵属于哪种生殖方式？"克隆动物"属于哪种生殖方式？	跟随相关问题步步思考，步步深入。 回答： （1）简述体外受精技术和胚胎移植技术。 （2）用南白犀牛雄性个体产生的精子与北白犀牛的卵细胞结合形成受精卵，即进行体外受精。 南白犀牛（雄性）→采集获得有活力的精子→液氮保存精子→精子获能处理 北白犀牛（雌性）→采集卵母细胞→液氮保存卵母细胞→卵母细胞培养成熟 →结合形成受精卵 （3）体外受精技术属于有性生殖过程，"克隆动物"属于无性生殖。	引导学生思考。 直接抛出方案设计任务，学生主动对课本中知识点进行串联整合，形成方案，并通过自评、互评来进一步完善。 增强学生知识归纳总结的能力，同时培养学生的社会责任感。

续表

第二课时：体外受精技术、胚胎移植技术、胚胎分割技术			
学习任务	教师活动	学生活动	设计意图
二、胚胎移植技术	过渡： 获得受精卵并通过早期培养获得早期胚胎后如何做？ 思考： (1) 胚胎移植的受体要具备什么条件？ (2) 供移植的胚胎可有哪些来源？ (3) 胚胎移植的意义有哪些？ (4) 对供移植的胚胎和胚胎移植后的受体要不要进行检查？ 活动二： 寻找合适的受体：幸存的北白犀牛只有两只，需要寻找其他合适的白犀牛作为受体，如何运用所学知识判断受体与北白犀牛的亲缘关系呢？	阅读教材内容，回答问题： (1) 同种；同时发情排卵（用激素处理）但未经配种的雌性动物。 (2) 生殖道中取出的早期胚胎；体外受精获得的；转基因技术或核移植技术获得的。 (3) 发挥优良母畜的繁殖能力，扩大优良畜种数量，加速优良畜种的推广应用；缩短世代间隔，提高家畜改良速度；能长期保存冷冻胚胎，便于优良品种的种质运输和保存；有利于恢复珍稀野生动物资源。 (4) 移植前需要检查胚胎的发育情况和生理状态，移植后需要对受体是否妊娠进行检查。 学生分组讨论，代表发言，可涉及已经学过的染色体组型分析、DNA 测序等方面。	这部分内容从理论角度分析，难度很小，学生通过阅读教材内容即可找到答案。但实际操作却有很多困难，成功率也不是很高，设置一个寻找受体的活动让学生体验现代生物技术实际操作的不容易，也有利于形成科学的辩证的思维方式。
三、胚胎分割技术	过渡：如何利用获得的胚胎产生更多的后代？ 观看视频《胚胎自然分裂形成双胞胎的过程》。 引导：技术的诞生往往源于自然发生。 思考： (1) 何为胚胎分割技术？ (2) 胚胎分割需要借助什么设备？ (3) 选择发育到什么时候的胚胎进行分割操作？ (4) 胚胎分割需要注意什么？ (5) 从后代核遗传物质上分析，通过胚胎分割获得动物属于哪种生殖方式？	自主阅读，分享答案： (1) 胚胎分割技术是一种胚胎克隆方法，即用机械方法将早期胚胎平均分割成二分胚、四分胚甚至八分胚，经培养后植入受体，以得到同卵双生或同卵多生后代的技术。 (2) 胚胎分割需要利用显微操作仪进行操作。 (3) 选择形态正常、发育良好的桑椹胚或囊胚进行胚胎分割。 (4) 注意要均分分割。如果切割的是囊胚，则将内细胞团进行均等分割；分割得到的胚胎可注入清空的透明袋或者直接进行移植。 (5) 无性生殖。	以一个胚胎自然发育能够形成两个胚胎的视频引导学生了解技术并不是凭空诞生。 再以问题串的形式引导学生自主学习找寻答案。

续表

第二课时：体外受精技术、胚胎移植技术、胚胎分割技术			
学习任务	教师活动	学生活动	设计意图
拓展延伸	第一课时观察的视频中显示我国20世纪70年代已经开始胚胎移植的研究，但用于对北白犀牛的拯救研究经历了数十年的时间，这期间遇到了哪些困难？不同物种的体外受精技术和胚胎移植技术研究中要关注哪些问题？胚胎移植技术在我国哪些优良畜种培育中得到了广泛应用？	通过网络资源搜索、文献查阅，了解相关内容。	将有限的课堂进行延伸，引导学生养成良好的思考问题并通过资料查阅解决问题的习惯。也促进学生将理论和运用结合起来，形成社会责任意识。

（五）板书设计

表 13　板书设计

第一课时	
一、精子和卵细胞的形成	
二、受精作用	1. 过程 2. 屏障 3. 过程
三、胚胎发育过程（用软磁贴贴图展示）	受精卵 → 桑椹胚 → 囊胚 → 原肠胚 → 胚层分化 → 胚胎 → 婴儿 胚卵期（第1周 输卵管）　胚胎期（第2～8周 子宫）　胎儿期（第9～38周 子宫）
第二课时	
一、体外受精技术	南白犀牛（雄性）　　　　北白犀牛（雌性） ↓　　　　　　　　　↓ 采集获得有活力的精子　　采集卵母细胞 ↓　　　　　　　　　↓ 液氮保存精子　　　　液氮保存卵母细胞 ↓　　　　　　　　　↓ 精子获能处理　　　　卵母细胞培养成熟 ↓　　　　　　　　　↓ 结合形成受精卵
二、胚胎移植技术	桑椹胚、囊胚 受体：同种、生理状态相似
三、胚胎分割技术	桑椹胚、囊胚 均等分割

第六章
区域教育自觉背景下的专业追求

第一节 区域教师专业成长的现状

一、区域教师专业发展的现实困境

区域教师专业发展是一个复杂而多元的过程，需要教育部门、学校和教师共同努力，通过研修、培训、合作、反思等多种方式，促进教师的专业成长和发展。事实上，区域教师专业发展在培训的内容和方式、保障措施、实际效果和评价等方面依然存在各种现实困境。

（1）教师培训的内容与方式上，缺乏针对性，形式单一。在内容上，当前区域教师培训的内容主要由教育行政部门来统一确定，缺乏针对性和选择性，难以满足教师的个性化需求；对区域教师的培训没有关注到城乡教师在专业化发展上的差异，城乡"同质化"严重；区域政府及中小学对教师专业发展缺乏整体规划，导致教师缺乏清晰的发展目标、明确的自我认知。在形式上，区域中小学的教师培训以集中培训为主，采用专家讲座和教师经验介绍的方式较多，且专家讲座的内容有时存在交叉重复的现象，以理论知识为主，不符合教师的实际需求。这样的培训方式，教师的学习仅停留在听专家讲理论，互动较少，难以将理论与实践相结合，将他人的经验融入自己的教育教学实践。

（2）教师培训效果上，难见成效。培训的实际成果转化取决于参训教师对培训所学知识的理解与运用程度，提高培训的实际效果是促进教师专业发展的关键。大部分教师在心理认知上都认同教研活动是有用的，可在行动力方面却较为欠缺。这主要是因为在培训时，内容往往停留在理论层面，而很少结合具体学科进行案例分析，很多培训缺乏后续的跟踪、指导、评价机制，导致培训成果难以落实。此外，由于区域教师薪酬待遇相对较低等问题，教师学习动力不足，难以激励教师积极参与培训教研、实现自身专业发展；即便教师有将理论应用于实践的意愿，由于区域学校大班额现象普遍存在、教师结构性缺编等，区域教师的工作量大，往往心有余而力不足。

（3）硬件设施配备上，缺乏实际应用技术。硬件设施的配备和使用可以促进教学质量的提高和教师专业能力的发展。由于国家的大力支持，学校大多已具备多种先进的硬件设施、教学工具，但是很多学校虽然具备相关设施，却由于区域教师的技术水平的限制，很多设施难以实际应用于教育教学，造成设备的闲置与浪费。

（4）优质教师资源上，难以留住。区域教师群体的专业发展需要优质教师的加入和带动。在教育科研方面，缺乏专业过硬、理念先进、指导力强的教育科研团队；在师资队伍方面，区域中小学教师结构性缺编问题突出，教师自身专业素养亟待提高，优质教师缺乏。如何引进来，留得住，吸引更多优质教师到县区教学，结合校内固有教育教学资源，围绕乡村教师群体在教育教学方面的突出问题开展本土化培训，也是需要考虑的问题。

二、区域教师专业成长的实然状态

区域教师专业成长的实然状态可以从多个维度进行描述。包括但不限于以下几个方面。

（1）教师专业素养的提升。随着教育改革的深入，区域教师专业素养得到了显著提升，从教育理念、教学方法、学科知识等方面都得到了大幅度的更新和进步，许多教师开始注重学生的个体差异，尝试采用多元化的教学方法和手段，提高学生的学习兴趣和能力。

（2）对教师研修和培训的重视。区域教育部门加大了对教师研修和培训的投入，为教师提供了更多的学习和发展机会。通过组织各种形式的研修活动、培训课程和学术交流会议，促进教师之间的知识共享和经验交流，推动教师的专业成长。

（3）教师职业发展的多元化。在区域教师专业成长的实然状态中，教师的职业发展路径也呈现出多元化的趋势。除了传统的职称晋升和职务提升外，许多教师还通过参与课题研究、开设特色课程、担任社团指导等方式，拓展了自己的职业领域和发展空间。

（4）教师团队合作的加强。在区域教师专业成长的实然状态中，教师之间的团队合作得到了加强。通过组建学科团队、教学团队、科研团队等，促进了教师之间的合作与交流，共同研究和解决教育教学中的问题，提高了教学效果和教师的专业能力。

（5）教师自我反思和研究意识的增强。随着教育改革的深入和教师专业成长的要求提高，教师的自我反思和研究意识得到了增强。许多教师开始关注自己的教学实践和教学效果，通过反思和总结自己的教学经验，不断改进自己的教学方法和策略，提高自己的教学水平和专业素养。

第二节　教研员视角下的教师专业成长

在教育领域，教师的专业成长是提升教育质量的关键因素。作为教研员，我们有责任和使命推动教师的专业成长，助力教育的发展。教研员是教育研究的重要力量，对教师的专业成长有着深刻的理解和独特的视角。

首先，教研员要引导教师深入理解教育理念。教育理念是教师专业成长的基石，教研员要通过深入研究和实践，帮助教师理解和掌握新教育理念，使其成为教学的指导思想。教研员要引导教师深入理解教育的本质，把握教育的规律，不断更新教育观念，推动教育创新。

其次，教研员要指导教师提升教学能力。教学能力是教师专业成长的核心，教研员要通过深入课堂，观察和分析教师的教学实践，发现问题并提出改进建议。教研员要引导教师深入研究教材，理解教材的编写意图，把握教材的结构和逻辑，使教师能够准确、全面地传授知识。教研员要指导教师提升教学设计能力，使其能够根据学生的实际情况，设计出符合教学目标和学生需求的教学方案。

再者，教研员要推动教师参与教育研究。教育研究是教师专业成长的重要途径，教研员要鼓励和支持教师参与教育研究，提供研究平台和资源。教研员要引导教师深入研究教育教学问题，通过实证研究，寻找解决问题的方法和策略。教研员要推动教师撰写教育论文，提升其教育研究能力和表达能力。

最后，教研员要关注教师的专业发展环境。教师的专业发展环境是教师专业成长的重要保障，教研员要创造良好的专业发展环境，提供专业发展的机会和平台。教研员要推动教师之间的交流和合作，建立专业发展共同体，共享经验和资源。教研员要关注教师的专业成长需求，提供个性化的支持和帮助。

从教研员的视角来看，教师专业成长的应然状态包括以下几个方面。

（1）持续学习与自我发展。教师应具有持续学习的意识和能力，不断吸收新知识，更新教育观念和教学技能。同时，教师应该能够自我反思，对自己的教学实践进行深入的剖析，从中总结经验教训，实现自我提升。

（2）专业知识的深化与拓展。教师应具备扎实的专业知识，并能够在实践中不断深化和拓展。教研员应鼓励教师参与各种专业培训和学术研讨，提升教师的专业素养和理论水平。

（3）教学实践与研究的结合。教师应能够将教学实践与教育科研相结合，以研究的态度对待教学，发现教学问题，提出解决方案，并通过实践验证其有效性。这样的实践与研究相结合的过程，有助于教师形成自己的教学风格，提升教学质量。

（4）团队协作与资源共享。在教师专业成长的过程中，团队协作和资源共享是非常重要的。教研员应搭建平台，促进教师之间的交流与合作，共同研究和解决教育教学中的问题，实现资源共享和优势互补。

（5）以学生为中心的教学理念。教师应树立以学生为中心的教学理念，关注学生的个体差异和需求，设计符合学生特点的教学活动，激发学生的学习兴趣和潜能，促进学生的全面发展。

（6）持续的专业成长动力。教研员应激发教师的专业成长动力，让教师感受到成长的快乐和成就感。这可以通过设置合理的激励机制，如评优评先、职称晋升等，来激发教师的积极性。

总之，教研员视角下的教师专业成长的应然状态是一个不断学习、实践、反思、研究和合作的过程，旨在提升教师的专业素养和教学能力，促进学生的全面发展。

指向教育自觉的教师专业成长策略与实施方案，可以围绕如下几个方面来设计和实施。

（1）建立自我发展意识。鼓励教师树立自我发展的目标，明确自己在专业成长中的定位和方向。引导教师认识到持续学习的重要性，培养自主学习和自我提升的习惯。

（2）制订个性化成长计划。根据每位教师的实际情况和发展需求，制订个性化的专业成长计划。计划中应包含短期和长期的目标，以及实现这些目标的具体步骤和措施。

（3）加强教育理论与实践的结合。鼓励教师将先进的教育理念和教学方法应用到实际教学中，不断探索适合学生发展的教学模式。支持教师参与课题研究、教学改革等实践活动，提升实践能力和研究水平。

（4）促进教师间的交流与合作。建立教师学习共同体，鼓励教师之间的互助合作，分享教学经验和资源。定期举办教学研讨、观摩课、教学竞赛等活动，为教师提供交流学习的平台。

（5）完善评价与激励机制。建立科学、公正、激励性的教师评价体系，关注教师的专业成长和教学效果。对在专业成长中取得突出成绩的教师给予表彰和奖励，激发教师的成长动力。

（6）提供持续的专业培训和学习机会。根据教师的需求和学校的发展目标，定期举办各种形式的专业培训和学习活动。鼓励教师参加国内外学术交流会议、研讨会等，拓宽视野，提升专业素养。

（7）强化教育反思与研究能力。引导教师养成定期反思教学行为的习惯，总结教学经验和教训，不断改进教学方法。支持教师开展教育教学研究，提升研究能力和成果转化率。

（8）构建支持性的学校文化。营造积极向上的学校文化氛围，鼓励教师勇于探索、敢于创新。提供必要的资源保障和政策支持，为教师的专业成长创造良好条件。

综上所述，指向教育自觉的教师专业成长策略与实施方案需要综合考虑教师的个人需求、学校的发展目标以及教育改革的趋势，通过一系列具体的措施和行动来推动教师的专业成长。

第三节 指向教育自觉的教师专业成长策略与实施方案

加强基础教育教师队伍建设是促进教育高质量发展的必要路径，区域教育振兴的重要路径和关键环节就是大力提升教师水平。区域乡村教师队伍素质的整体提升、乡村教师结构的完善优化、乡村教师发展的全面保障，是教师队伍建设工作的重中之重。如何基于当下区域教师专业化发展中存在的问题，提出相应的协同机制，更好地建设高素质的区域教师队伍，促进区域教育发展，是当前亟待解决的关键问题。

应建立协同机制以突破区域教师专业发展的困境。教育与经济发展、政治文明、文化建设相互影响，因此教育系统内部及与其他社会系统之间的协同作用值得关注。教育改革的协同性可以总结为战略协同、政策协同、组织协同、知识协同、资源协同等层面。建立协同规划机制，健全跨部门统筹协调机制，建立教师专业发展的评价机制，全方位协调推进区域教师专业发展，方能落实成果，突破困境。

一、政策协同机制

教育政策为教师专业发展提供依据和指导，是实现教育战略的手段和支撑。强师政策的落实和区域教师的专业化发展需要后续政策的协同，需要构建相应的规范标准机制、管理服务机制、质量监控机制和表彰激励机制。构建有效的评价指标体系是评价教师培训有效性的基础，完善的评价机制有助于提升培训效果。应建立科学、明确、完整、可操作的指标体系，依据评价标准进行学习效果的监督和评比，加强教师发展的管理，进行后续的跟踪和奖励。对教师在教学活动中的实际表现，进行公开透明的评比，充分发挥评价的"指挥棒"作用。构建相应的表彰激励机制和保障机制，及时对区域教师进行表彰和激励，推动教师专业发展的积极性，并通过相关政策激励优质教师资源流入县区，减少教师的后顾之忧。

二、组织协同与教育资源协同配置机制

提升教师专业化发展还需要建立组织内和组织间的协同发展机制。组织协同指的是教育改革中不同利益主体共同参与、相互配合、积极合作、支撑互补，包括教育行政部门和其他部门间的协同，还涉及政府、学校、家庭、科研机构等不同组织间的协同。协同资源包括人力、财力、物力、信息等，是教育资源配置的客体；政府、社会组织、学校和公民个人等是教育资源配置的主体。应在协同机制的引导下，通过各主体的相互作用，处理好各方关系，发挥各方优势，进而提高教师专业发展的整体效果。

三、建立区域学校间、城乡学校间的协同发展机制

教师专业发展需要依靠区域各学校之间和城乡学校之间的协同发展机制，实现"理念共享、方法共享、资源共享、成果共享"。实施"支教""走教"策略，并完善教师权益的保障机制，解决乡村教师师资紧张问题。遵循优势互补原则，每个学校和区域都有自身的教育优势和特色，应建立区域校际教师学习共同体和城乡教师学习共同体，在各学校间开展学习交流活动，开展跨学校的听课、讲课、评课等教研活动，发挥团队优势，取长补短协同发展。共享优质师资和学习资源，同学科之间的教师提出问题，交流探讨，思考将理论应用到实践的方式；众多具有丰富教学经验的一线优秀教师和参训教师进行讨论，结合教育教学实际进行针对性教学，使培训内容更易被教师理解和接受。

四、建立教科研机构、师范学校与区域学校之间的协同机制

区域教师发展现存的培训内容针对性较差、组织形式单一、培训成果难以落地等问题，与培训方和接受培训的教师之间缺乏协同机制有关。教师作为接受培训者，其实际需求应当得到充分理解和重视。在区域教师专业发展中，教科研机构和师范学校在协同模式中处于引领地位，承担对区域教师的培训等，但同时要考虑到教师的实际需求，需要协调各方合作，研制共同目标，组织各方参与制定项目实施目标及教师专

业发展目标。师范院校、地方教育行政部门等应与中小学建立"权责明晰、优势互补、合作共赢"的长效机制，以避免出现课程目标不明、课程设置混乱、内容交叉重复等问题。在开展区域教师培训之前，地方教育行政部门需要做好当地教师专业发展需求的实地调研，充分了解存在的问题、更适合教师的培训方式；培训部门需在充分了解区域教师情况后，提前制订和告知培训方案，便于地方提前组织规划，通过线上线下混合的培训系统，开展多类型的课程培训，方便教师自主选择参训方式和内容，让更多的教师参与进来，提高其积极性；在培训学习活动之后，师范院校与地方教育部门需要协同配合，做好对教师实际学习情况和应用情况的沟通交流，并对区域教师在后续实践中的问题作出进一步的帮助和反馈。

五、建立区域学校与其他社会机构的协同机制

区域教师的专业发展离不开区域学校以外的其他社会机构的协同支持。区域教师专业化发展的同时需要硬件和软件等配套设施，区域学校的硬件设施、软件设施的实际使用离不开相关技术机构的协同配合。在硬件设施方面，不仅需要安装硬件以支持教师的教学，更需要安装后续的设备以供教学使用，安装厂家应帮助区域教师掌握使用技能，使硬件设施真正应用到教学之中。在软件设施方面，利用大数据、人工智能等技术手段搭建跟踪指导平台、教学平台等，便于区域学校的管理以及和教育部门的联系。此外，家长的理解和支持、基金会的激励等也是促进教师专业发展的重要保障。

综上，区域教育振兴背景下，区域教师的专业发展是促进区域教育发展的必经之路。需要建立政府、学校、教育部门、科研机构等社会多方的协同机制，进行政策的支持、组织间的合作交流、教育资源的协调配置。做好充分的保障，才能更好地开展相关工作，促进教师专业发展，建设高素质专业化的教师队伍。

第四节 指向教育自觉的教师专业成长案例

一、指向教育自觉的教师成长档案袋模板

表14 指向教育自觉的教师成长档案袋模板

一、个人基本信息	姓名：[教师姓名]	
	性别：[教师性别]	
	出生年月：[教师出生年月]	
	教育背景：[教师的教育背景，如本科、研究生等]	
	任教科目：[教师任教的科目]	
	任教学校：[教师任教的学校名称]	
二、教育理念与目标	教育理念：[教师的教育理念或教育信仰]	
	专业成长目标：[教师设定的短期和长期专业成长目标]	
三、教学经历与成就	教学经历	教学年数：[教师从事教学的年数]
		曾任教的年级和班级：[教师曾任教的年级和班级]
		特殊项目或活动：[教师参与过的特殊项目或活动]
	培训与进修	参加的培训课程或研讨会：[教师参加过的培训课程或研讨会的名称和日期]
		获得的专业证书或奖项：[教师获得的专业证书或奖项的名称和颁发机构]
	教学成就	学生评价：[学生对教师的评价或反馈]
		教学奖项：[教师获得的教学奖项或荣誉]
		学术发表：[教师在学术期刊或会议上发表的论文或报告]
四、教学反思与自我评价	教学反思：[教师对自己的教学实践进行反思和总结]	
	自我评价：[教师对自己的专业能力和成长进行自我评价]	
五、未来发展规划	未来教学方向：[教师对未来教学方向或教学领域的规划]	
	专业发展目标：[教师对未来专业发展的目标和计划]	
六、附件	教学设计案例：[教师提供的教学设计案例或教案]	
	学生作品展示：[学生在教师的指导下完成的作品或成果]	
	其他相关材料：[与教师专业成长相关的其他材料]	

以上档案袋内容仅为一个基础模板，具体内容可以根据教师的个人需要和学校的要求进行适当调整和扩展。

二、"我的成长故事"案例

李庾南：教书育人 66 年，用热爱坚守初心

南通市启秀中学

李庾南，江苏省南通市启秀中学教师，特级教师，"自学·议论·引导"教学法创立者，出版有《李庾南教数学》等多部著作。

为学习贯彻习近平新时代中国特色社会主义思想和党的二十大精神，中央精神文明建设办公室组织开展"文明中国"主题采访，由中国文明网联合新华网和各地文明网等媒体组成报道组，走进城乡基层，以主题访谈、骑行直播、采风图集、故事视频、记者手记等形式，生动报道和集中反映"文明中国"的时代风采与万千气象，助推文明培育、文明实践、文明创建，为建设中华民族现代文明汇聚精神力量。

下面让我们一起走进"文明中国"主题采访系列报道第 175 期，来看看李庾南老师的故事。

（一）用热爱坚守初心

从教 66 年，她是无数学生喜爱的引领者，成长路上的知心人；担任班主任 66 年，她全情投入，竭尽所能，用心用情照顾每一位学生；从事科研 45 年，她满怀热忱，潜心钻研，创立"自学·议论·引导"教学理论和实践操作体系，义务承担 400 多名乡村初中教师培训任务，她就是全国先进工作者、全国教书育人楷模、江苏省南通市启秀中学教师李庾南。

1957 年，年仅 18 岁的李庾南毕业后毫不犹豫地选择了教师行业，踏上了启秀中学的讲台，从事初中数学教学。每天清晨 7 点，李庾南总是准时地站在教室门口，迎候每一位学生，备课、上课、批改作业、找学生谈心、帮助青年教师教学、完成课题研究……这一干，就是一辈子。

2023 年是李庾南走上讲台的第 66 年，本该在家颐养天年的年纪，她依然选择坚守在教学一线，不落下一节课。为了发掘学生们的学习主动性，满足更多学生享受优质教学的需要，李庾南在多年教学和实践的基础上，创立了"自学·议论·引导"教学体系，帮助学生从各种信息源获取信心，增强学习动力。

工作时间越久，李庾南就越离不开讲台，越离不开学生。有一次，李庾南由于不小心摔跤导致右手腕骨折，在绑着石膏的一个多月里，她一节课都没有缺席。右手不能写字，就用左手板书，强忍疼痛坚持备课、上课、批改作业。她说："我在讲台上 66

年,越来越体会到教师这个职业的伟大,教师这个身份的光荣,也正因为一直在讲台、一直和学生在一起,所以越来越体会到了这是一个能够为党育人、为国育才的岗位。"

"我觉得一名教师只教学没有当过班主任,他的教育生涯是不完整的。"除了是一位始终坚守在教学一线的数学老师,李庾南还是学生们心中可亲可敬的班主任。从走上教学岗位开始,李庾南就当上了班主任,那时她与学生们年龄相仿,关系融洽,是大家眼中的"姐姐班主任";后来李庾南当了妈妈,对学生的感情中夹杂了母亲对孩子的慈爱,又被学生称为"妈妈班主任";到现在,学校很多学生又喊她"奶奶班主任"。对于学生们称呼上的变化,李庾南表示很开心,她说:"我的青年、中年、老年都奉献给了钟爱的教育事业和可爱的学生。"从"姐姐班主任"到"奶奶班主任",李庾南在班主任的位置上干了66年,在她教过的学生里,甚至有一家三代都是李庾南的学生。

李庾南紧跟时代发展,在教育过程中不仅关心学生的学业质量,更关心学生的生理发育、心理健康;不仅关注学生的校内生活,还关注学生的校外生活。她积极探索学生成长的内在规律,加强学科学习支持下的班级建设,助力学生道德成长,在这一过程中,她提出了"自育·互惠·立范"班级育人主张,撰写了《班主任工作艺术一百例——触及心灵的足音》《"班级育人"主题班会36课》等专著。启秀中学的年轻教师经常感叹,李庾南老师是一个不断学习、不断用新思想武装自己头脑的"时代新人",和李老师在一起,常有"老人更比新人新"的感觉。

晚年的李庾南除了坚持为学生上课外,还把许多精力花在推广她的教学方法和思想上。她认为,培养教师是泽被后世的大事,可以让更多学生受益。为此,她甘为人梯,经常不顾年迈和旅途劳累,先后受邀赴北京、广西、西藏、新疆等近30个省(区、市)讲学、授课、传道,推广"自学·议论·引导"教学法,为培养教育后备人才不遗余力。自2006年成立"李庾南数学教学研究所"以来,已分批培训3000余名初中数学教师。

繁忙的教学工作之余,李庾南还创新公益服务形式。2010年以来,她和工作室成员积极参加南通市劳模工作室与乡村教师手牵手工程，每年义务承担县（市、区）400多名乡村初中教师培训任务。她带领工作室成员，经常到边远乡村学校送教，进课堂听课、指导，与乡村教师面对面交流，为乡村教师教学、教育优质均衡发展作贡献。

一支粉笔，两袖微尘，三尺讲台，四季耕耘。在教书育人这件事上，李庾南真正做到了不忘初心、从一而终。"我只要头脑还清晰，能够跟得上学生的思维，我就继续教课。"李庾南如是说。

（二）教学实践的三重境界

清晨7点，当人们在街头晨练时，一位八旬老太太总是急匆匆赶往学校，每天依然上课，她的备课笔记依然那么字迹端正、图形规整，给人以美的享受；中午，她会与学生共进午餐，为的是让他们好好休息，不让家长分心；傍晚时分，改完作业，送走学生，她才收拾好教具回家。夜晚，还有课题要做，有教学反思要提炼。

这是特级教师李庾南2017年以前每个工作日一天的生活。在她的职业生涯中几乎获得了一名教师所能得到的所有荣誉：全国教育系统劳动模范、全国先进工作者、全国巾帼建功标兵、全国三八红旗手、全国教书育人楷模、第三批国家"万人计划"教学名师、第九届全国人大代表、享受国务院政府特殊津贴专家，被授予中华人民共和国成立七十周年纪念奖章等。她在实践中创立的"自学·议论·引导"教学法荣获首届基础教育国家级教学成果奖一等奖。

李庾南是教坛的一棵"常青树"，年过八旬依然坚守讲台。从1957年8月站上南通市启秀中学的讲台，李庾南一直在同一所学校教同一门学科。她是真正从课堂里走出的"大先生"。南通市教育局原局长郭毅浩曾借用实业家张謇创办师范之初对为人师者的要求定义李庾南是"道德优美、学术纯粹"的典范。

近年来，李庾南一直"走班"上课，每个班一次上完一个单元的内容，以保证教学的相对完整性。疫情期间，上网课同样成了她的工作日常。接受记者采访时，她说："教学是我的生命所在，这辈子做教师，就要做出个样子来。"

有人问李庾南，作为一名普通教师是怎样成长起来的？她的回答是"实践"。"我一直认为，任何教学研究，实践总是第一位的，这也是我一直没有离开讲台的一个根本原因。"

（三）传统教学观的偏狭

中国教师报：早在1978年，您就提出了"自学·议论·引导"教学理念，如今已逐步发展成为自成体系的"自学·议论·引导"教学法。您最初提出的背景是什么？40多年来大致经历了几个发展阶段？

李庾南：" 自学·议论·引导"教学法的实践研究已有45年了。1978年是我从教的第21个年头。当时我教的学生成绩好，带的班又是优秀集体，我以为我是个好老师了。但是，反思课堂教学我发现，受"老师多讲，学生多得"的"满堂灌"观念的束缚，我与大多数教师一样，普遍重视"讲"而忽视"学"，教育资源也非常单调，只有教科书。许多教师普遍认为，学生是靠教师讲会的，教师多讲，学生多得；教师少讲，学生少得；教师不讲，学生不能学。这种片面追求老师讲的功效，只追求好成绩的教学观存在明显的偏狭与不足。

结合教学中产生的困惑，我发现了问题所在——学生不是仅靠教师教会的，要靠自己学会。于是，我就提出了"自学"。课堂不是封闭的，不是教师一讲到底，要让学生能够提问交流，互相借鉴成功经验，帮助彼此克服困难，这就是"议论"。"议论"不同于"讨论"，"讨论"往往是一个问题找到了答案，讨论就结束了，"议论"则是一个问题不止于找到答案，在研究这个问题的过程中可能又产生新的问题，再研究它相当于又研究了新的问题，用现在的说法就是"拓展"。因此，通过"议论"得到的收获源于初衷又不止于初衷。教师的作用是什么？不是告诉学生"这是什么"，而是点拨一下，帮助一下，指引一下，使学生能明白"这是为什么"，这就是"引导"。实际上，"自学·议论·引导"教学法不只是一个具体的方法，它有教学的核心理念，有对应的教学原则，有具体的评测标准等。

我在改革之初，遇到过不少困难和阻力，身边的同事不理解，家长也有疑虑——"我这么讲学生还不会，你让他们自学，能有效果吗？""上课就是让学生专心听课的，你还给时间让他们讨论说话？"

"自学·议论·引导"教学法先后历经了"学生数学自学能力及其培养""优化学习过程、改善教学结构""自学·议论·引导教学法""学力的形成与发展"等8个阶段的探索实践，实现了由单纯研究教师"教"到研究学生"学"的转变。最近这些年，我又提出了"学材再建构，学法三结合，学程重生成"的新构思。今天回过头来看，我的教学理念和实践经历了三重境界：培养自学能力，在三结合教学中贯彻"自学、议论、引导"三个基本环节；发展学力，建构"三学"规则下的自由课堂；班级育人思想，建构"自育·互惠·立范"育人范式。

中国教师报：请您详细解读一下"自学·议论·引导"教学法的核心理念。

李庾南："自学·议论·引导"教学法包括四条基本原理，即以学定教、情智相生、活动致知、最近发展。它还包括四个操作要义，即紧扣核心知识，促成"知识生产"；根据变化情境，融通多种策略；激活思维能力，优化学习品质；瞄准学力发展，奠基和谐人格。这些理念与新课程倡导的自主学习、合作学习、探究学习等理念相吻合。

"自学·议论·引导"教学法变照本宣科"忠实于教材"为从学生实际和教学大纲、教学目标出发，重组教学内容，实行单元教学；变长期机械沿袭凯洛夫的五环节教学为巧妙运用并贯穿教学全过程的"自学、议论、引导"三个基本环节；变单向传输的教学模式为生动活泼、浑然一体的"个人学习、小组学习、全班学习"三结合教与学的形式；变只重知识、技能、方法的学习为知识、技能、方法、情感、态度相融并重，和谐发展；变单一的继承和吸纳知识为会学、会探索、会创造知识。

"自学·议论·引导"既是教师的教学方法，也是学生的学习方法，它侧重学生的自学能力提升，在发展学生智力因素的同时，也可以发展学生的非智力因素，促进自学能力的发展。

（四）学力是核心素养的核心

中国教师报：在众多学习方式中，您为什么如此看重学生的自学？

李庾南：刚开始在课堂教学中，我总认为自己比学生高明，因为是我给予学生知识，但后来我发现也有学生给予我的。大部分时候是我比学生懂的多，但一个班的学生智慧汇集起来肯定会超过我。

在实践中我逐步认识到，课堂教学应该是学生在老师引导下积极学习，不仅学会知识、技能，而且能清醒地懂得自己是怎样学会的，习得经验、方法、情感；在面对新知识时自己能独立学且学会，遇到新问题时自己能分析，并能联想已有知识、技能、方法和经验解决问题，即达到"会学"。因此，我更强调学生由"学会"走向"会学"，培养自学能力。

培养自学能力的目标侧重于学科的自学能力提升，促进学科学习成绩提高，走向学生整体素质的提高和终身发展的高度。我认为，调动学生学习积极性、发挥学生主体作用不仅是手段，还是目的。在"本体论"和"生成论"理念支撑下，我开展了学力及其发展的理论研究，界定了学力的内涵：学力是指学习者通过一定阶段的学习，在"内在素质"和"外在行为"上取得的实际效果，学习者在形成自我获取、自我建构、自我发展、自我超越的能力以及良好的心理状态方面达到的实际水准和程度。其核心是学生积极自主的创造性思维和良好的精神品格。所以，在我看来，学力是人的核心素养的核心。

中国教师报：在培养学生自学能力方面，您积累了哪些经验？

李庾南：自学能力具体体现在三个方面：一是独立获取知识的能力，其中阅读是主动获取知识的一个重要手段；二是系统整理知识的能力，掌握知识的来龙去脉，纵横联系，形成知识网络结构；三是科学应用知识的能力，正确、灵活、综合、创造性地应用知识解决问题。

在实践中，我逐步总结了"学生自学能力的内涵、学生自学的心理过程、学生自学能力的发展规律、培养学生自学能力的层次序列"等理论体系和操作框架。在教学理念上解决了如下问题：学生不是靠教师讲会的，而是在教师引导下，通过积极主动地看、听、问、议、练、操作等自己学会的；"学会"与"会学"的关系是，在想懂中达到懂想，在学会中达到会学，最终形成自学能力；教学不只是教会学生知识，更要突出对学生学法的研究和指导。

中国教师报：在数学学习中，您重点关注学生要习得哪些学习方法和学习习惯？

李庾南：这个问题我很早就开始关注了。1982年秋，江苏省第二届数学教学年会在南通召开，我在会上作了题为《培养学生自学能力的六个层次》的发言。

第一层次是基础阅读法，引导学生从半独立到基本独立阅读教材，对教材的基本内容达到弄懂、会用的要求，在交流讨论时，能正确而清晰地表达所学内容。第二层次是逻辑整理法，学生自学以能在理解的基础上整理出知识的逻辑结构和相应的研究方法为目标，初步学会对自己所学的东西、所运用的研究方法以及书本所叙述的知识进行评价。在交流讨论时，学生不仅要能说清楚对知识结构的正确理解，还能发表自我见解。第三层次是结构模进法，学生能独立运用已有的知识结构和认识方法以及"同化"和"调整"的规律，对结构相同或相似的新学习内容采用"模进"的方法进行自学。第四层次是演变移植法，学生独立运用已有知识结构和研究方法，对结构不同或差异较大的知识运用演变移植的方法进行自学。第五层次是科学探索法，学生以已有知识结构和研究方法为基础，在阅读教材内容前抓住课题，按照数学知识的结构特点和自然的逻辑发展趋势进行创造性探索，并就探索成果进行交流概括，形成科学结构，然后再通过阅读课文交流讨论进行补充和深化。第六层次是综合串联法，学生能独立进行系统复习，把相近或相似的多个小块知识连成一大块，然后再将几大块连成更大的块，挖掘"纵向知识结构"的深度，或者通过专题把解决同一类问题而又分布在各个单元乃至各个学科里的知识和方法串起来，拓宽"横向知识结构"的广度。

（五）"育分"不能置于育人之上

中国教师报：近年来，围绕"自学·议论·引导"教学法，您又提出了"三学"思想，即"学材再建构、学法三结合、学程重生成"。"三学"的内涵是什么？"三学"之间的关系是怎样的？

李庾南："自学·议论·引导"教学法的核心内容是通过"学材再建构、学法三结合、学程重生成"实现学生学力的提升。学材的建构指要实行单元教学，学材要来自教材又不止于教材，在学材处理上，根据学情对教材内容进行重构，将学材中的各个相关知识点放到一个知识结构之中，让学生习得的知识实现结构化。学法的结合既指"个人、小组和全班学习相结合"，也指"自学、议论、引导"的三结合，旨在落实和发挥学生主体作用，建构自由的教学情境。学程指学习的过程、进程，强调活动性，以学生为主体，关注学生的生命成长，通过组织有效的学习活动，达成相应的学习范型；"生成"指学生在教师引导、生生互动、师生互动中理解学材意义，形成信息、知识、能力以及情感、智慧等的行为过程及结果。学程的生成要靠师生或生生之间的互动来实现深度交流和共同发展。"三学"之间相互联系，最终都指向教学的有效性。学材、学法都指向学程，学程含内容、形式和旨归，三者是彼此关联的有机体，都指向学力发展，也是对教学基本问题的具体作答。

中国教师报：您曾说"做教师就做班主任"，60多年来您恪守了自己的诺言，并在班主任工作中创立了"自育·互惠·立范"育人主张。您是怎么认识和处理教书与育人之间的关系的？

李庾南：如果说"自学·议论·引导"是实践中总结的教学法，那么"自育·互惠·立范"则是我总结的班级育人主张，旨归是"德智体美劳全面发展，培育和陶冶学生的精神"。"自育"是让学生真正成为教育活动的主体；"互惠"是相互学习，共同成长；"立范"是寻找树立榜样，驱动学生为自己确立行为之"范"。教学变革关键是"教学法"，班级建设关键是"育人实践"，两者一脉相承，不仅有内在自洽性，而且与其他因素之间也有对应性和互洽性。自学也是自育，议论为了互惠，引导旨在立范。前者是后者于教学场域中的具体表达，兼具育人价值，后者是前者于德育情境里的理念升华，亦具有教学论意义。

今后我将进一步研究以下三对关系：一是育人与"育分"的关系。不"育分"，教育走不动；不育人，教育走不远。纠正"育分"置于育人之上的异化的育人观，端正教育应有的价值方向。二是学科教学与班集体建设的关系。充分发挥班集体应有的促学功能与优学效应。三是"双减"与"班级育人"的关系。"双减"减"数量"和"时间"，与提高"质量"即学业成绩、水平和学生德智体美劳全面发展之间的关系。

三、优秀教师成长案例

王海霞：立德树人，杏坛初心

南通市紫琅一小紫琅湖校区

  王海霞，南通市紫琅一小紫琅湖校区执行校长，被授予南通市"五一"劳动奖章，获评南通市优秀教师、南通市"师陶先进个人"，南通市小学数学专家组成员，南通市七年贯通培养师范定向生项目导师。曾获全国教育科研成果大赛一等奖，2次获江苏省小学数学优课评比一等奖，多次获南通市小学数学优课评比一等奖。南通市"226"高层次人才培养对象，南通市"1115"工程"卓越教师"培养对象。

  "做一名好老师"是她最朴素的追求。在孩子们眼里，她是一位"魔法"老师，总有办法将厚厚的课本变成薄薄的知识，将枯燥的课堂变成快乐的学堂。看似乏味的数学，却总能被她描绘成最美的风景；看似复杂的解题，也能被她赋予灵魂，幻化成最动人的心灵之约。无论是一年级的小萌娃，还是毕业班的青春少年，都会深深地沉浸在她"情智相融""德行共生"的数学学程里。

  在执着的思考与实践中，她努力寻求着属于自己的教育理解和主张。她在省、市征文评比中多次获一等奖，在《江苏教育》《小学数学教育》等杂志发表多篇论文，参

与编写《幼小衔接·快乐数学》《素质教育的城市课堂》等读物。

作为执行校长，她带领全校教师积极探索"双减"背景下的教育教学改革。一张课表的"变脸"，让课程设置更贴近儿童发展规律。"躺下去的午憩时光"深得家长、社会的广泛好评，受中央广电总台国际在线等多家媒体报道转载。她引领老师们学习新课标，探索新课堂，积极开展"正·和"视界——跨学科主题综合实践活动的研发，多项活动先后在南通电视台播出。在幼小衔接工作中她也引领老师们探出了新路子，迈出了新步子，在南通市幼小衔接工作中做经验交流分享。在教育评价改革中，他们打出"组合拳"，获南通市教育评价改革案例评选一等奖。她和团队一起申报的2022年江苏省基础教育内涵建设项目顺利立项。办学两年多，学校年轻教师已有二十多人在市直及以上各级各类评比中获奖。

王海霞老师用"化作春泥更护花"的坚守，"丹心热血沃新花"的执着点亮学生的心灯，推开教师的心门。从心出发，为爱抵达，邂逅一路芬芳！

蔡汉桥：细流入海，成其广深

南通中学附属实验学校

2023年5月16—18日，由江苏省总工会、江苏省教育厅主办的第三届江苏省中小学青年教师教学竞赛暨第四届全国中小学青年教师教学竞赛选拔赛在镇江举行，来自全省13个设区市的70多名优秀青年教师同台竞技，大展身手。南通中学附属实验学校初三数学教师蔡汉桥斩获大赛一等奖，被授予"江苏省五一创新能手"荣誉称号。

本次大赛以"上好一门课"为竞赛理念，由教学设计、教学展示、理论笔试三部分组成。其中教学展示采用"课堂教学＋教学阐释"的形式进行，参赛选手需准备10个课时的教学设计和教学阐释，决赛随机抽取1课时进行教学展示。这对每一位参赛选手都是一次极大的挑战和考验。

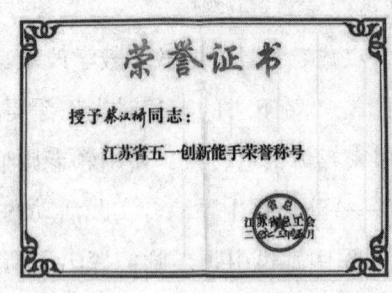 

（一）终日乾乾，与时偕行

从去年骄阳似火的八月到今年蔷薇烂漫的五月，从数学人教版到数学苏科版，从上百篇的教学设计、教学阐释和上百个教学课件的制作到最终成型的二十篇教学设计、教学阐释和教学课件，从一张白纸到两大本厚厚的几十万字的文字稿，蔡老师历时十个月，精心备战！

（二）乘众之智，则无不任

此次大赛，南通市总工会、南通市教育工会的领导给予了大力支持；南通市教育科学研究院数学研训员刘东升主任和南通市市直学校教育管理中心吴小兵科长亲临指导；学校行政时时关心勉励，积极为蔡老师解决各种后顾之忧；数学组袁亚娟、周军莲、徐嘉庆、于亚丽等老师主动助力，献计献策……

蔡老师说，自己就像是一株幼苗，一路的拔节生长离不开身边的阳光和雨露，比结果更重要的，是这一路走来收获的成长与温暖。

（三）细流入海，成其广深

一个人可以走得很快，但是一群人才能走得更远。这是南通中学附属实验学校"139"卓越教师培养工程的又一丰硕成果，也是学校持续教育教学改革发展的又一里程碑。南通中学附属实验学校将继续坚持高品质师资队伍建设，全力打造一支业务精湛、德艺双馨、充满活力的教师团队，以全方位的发展平台助力青年教师卓越成长！

通过这场比赛，蔡老师更能领会如何带领学生用数学的眼光观察现实世界，用数学的思维思考现实世界，用数学的语言表达现实世界。每一个日出都让人澎湃，每一个日落都让人感慨。生活是河，且行且歌。

严玉萍：沁心润情，格桑花开

南通西藏民族中学

在细水长流的滋养中，我们定能迎来春天的姹紫嫣红；在阳光雨露的沐浴下，我们定会看到高原格桑的绚丽绽放；在心与心的真诚碰撞中，我们定能谱写出民族团结的崭新诗篇。

从事民族教育工作二十几年，严玉萍老师从西藏孩子们的知心姐姐，变成爱心妈妈、贴心朋友。一张张纸条，一封封书信，一次次畅谈，一天天陪伴，多少雪域格桑在她的真情关怀中感受到阿妈般的温暖。

（一）衣带渐宽终不悔

动人以言者，其感不深；动人以行者，其应必速。教室里，她与学生一起挥汗打扫；舞台上，她与学生一起纵情高歌；操场上，她与学生一起尽情奔跑……冬日的早晨，她要把孩子们的手一个个摸过去，看是否暖和；就餐时间，她总要到班级餐桌前转转，看学生是否到齐；周末，她要到宿舍，和学生一起搓出满盆的泡沫……

学生格列手部动手术，与母亲一起住在校外宾馆。严老师经常早晚接送格列，还为格列母亲办了公交卡，方便她的出行。小德吉得了肠梗阻，出院后，医生嘱咐只能吃流质食物，严老师每天熬上香浓的米汤送到教室。春节，班里常会有几个孩子的家长无法来南通和孩子团聚，为了让这些孩子也能感受过年的团圆氛围，严老师把他们接回家，和先生一起为他们准备丰盛的饭菜……

因工作缘故，严老师常常要进藏。在西藏，高原反应会让她头痛难熬，但送考、开家长会等事情，她一件都未落下。

（二）待到山花烂漫时

严玉萍老师说：每个孩子都值得被欣赏，每个孩子都应该有属于自己的舞台。她

141

竭尽全力地为每个学生提供适合的机会，培养各自的兴趣，并鼓励、帮助他们成就更好的自己。普通话形象大使、绘画一等奖获得者、校园主持人、十佳歌手、校运动队主力队员、最美少年、省市级三好学生等，齐聚她的班级。家长们说："把孩子交给严老师，我们放心。"

一届届学生来了，又走了。可爱的桑姆折叠了满满一罐幸运星塞进严老师的手里；卓嘎毕业时悄悄在老师的抽屉里留了一本小册子，里面记载了三年里她与严老师之间的点点滴滴；格桑发来英姿飒爽的照片，说"严妈妈，您的小调皮到军校报到了"；结对的西藏儿子晋美在接到工作通知的第一时间就打来报喜的电话……

春去秋来，携一缕暖阳，听格桑花开的声音，民族教育如此美好。

（三）路漫漫其修远兮

严玉萍老师认为，只有不断提升自己，才能给学生更好的陪伴与指引。她曾获得江苏省班主任基本功大赛一等奖，并在长三角地区班主任基本功比赛中荣获综合、带班育人方略、主题班会、育人故事四项一等奖。先后获评全国西藏班新疆班个人典型、西藏自治区民族团结进步模范教师、南通市优秀德育工作者、南通市优秀班主任、南通市德育工作带头人。

民族教育，需要有更多热爱并致力于此的教育工作者参与其中。2021年10月，南通西藏民族中学班主任工作室成立，严玉萍老师担任工作室主持人。工作室积极为校内教师及西藏地区老师提供学习、交流、成长的平台。在严玉萍老师的带领下，工作室于2023年被评为南通市"工人先锋号"。

她多次到西藏地区的学校进行交流。她还牵头组建了"众心汇聚育雏鹰"微信群，目前，有来自西藏各地区的多所中小学的老师加入该群，一起交流探讨民族教育工作。

八千多个日子，严玉萍老师一直坚定地走在民族教育之路上，她以心换心，以爱博爱，用瘦弱的肩膀，扛起了一份份沉甸甸的责任，静静地守护着高原格桑绚丽绽放……

第七章
区域教育自觉背景下的愿景展望

第一节　区域学校发展的愿景展望

有学者将学校愿景定义为:"学校成员在一定价值追求下,在一定学校文化背景下,在学校发展的总体战略下,在吸纳广泛意见基础上,通过广泛沟通达成共识后所表达的若干年内经过奋斗可以实现的想象式的图景。"学校的办学愿景反映的是学校共同体未来所期望实现的美好景象,愿景是学校发展过程中的灯塔,其意义更多地在于从精神层面赋予学校共同体成员希冀和动力。区域学校的发展愿景是一个充满希望和激动人心的议题。随着科技的进步、社会的变迁和教育理念的演进,未来学校将不可避免地面临许多挑战,但也将拥有巨大的机遇来创造更加有意义和富有成效的教育体验。

一、呈现先进发展的教育理念

未来学校迈向先进化发展的教学理念需要在多个方面进行创新和改革,以适应不断变化的社会需求和教育挑战。未来学校将改变以往的传统教学观念与模式,更加注重培养学生的综合能力、创造力、批判性思维和适应未来社会的能力,在信息技术教育的支持下重视课程理念的改革与创新。为了让教学更好地体现时代人才培养的需求,综合制定教学方式、教学理念、教学模式等,主要体现在以下几个方面。

(一)注重学生的个性化学习

利用技术和数据分析工具,实现个性化学习路径和教学内容的定制化。每个学生的学习需求和能力不同，个性化学习可以更好地满足他们的需求，提高学习效果。

（二）跨学科教育

强调跨学科知识和技能的整合，鼓励学生在不同学科之间建立联系和应用知识，这有助于培养学生的综合思维能力和解决问题的能力，以及应对复杂问题的能力。

（三）实践性学习

强调学以致用，通过项目化学习、实地考察、实习等方式，让学生将所学知识应用到实际生活和职业中。实践性学习可以增强学生的学习兴趣和动机，提高他们的学习效果。

（四）技术整合

充分利用现代技术，如人工智能、虚拟现实、增强现实等，改变教学方式和学习环境。通过技术整合，可以提高教学效率，拓展学习资源，增强学习体验，促进教育创新。

（五）迈向全球化教育

强调跨文化交流和全球意识，通过国际课程、国际交流项目等方式，开阔学生的国际视野，培养学生跨文化沟通能力。全球化教育可以帮助学生更好地适应全球化的社会和经济环境。

（六）社会参与

鼓励学生参与社会实践和公益活动，培养他们的社会责任感和公民意识。通过社会参与，学生可以将所学知识和技能应用到实际问题的解决中，同时也可以为社会发展做出贡献。

（七）持续专业发展理念

建立教师的持续专业发展体系，提供丰富多样的培训和发展机会，帮助教师不断提升教学水平和专业能力。教师是教育改革的关键力量，他们的专业发展直接影响到教育质量和学生发展。

（八）实施灵活的教学模式

推动灵活的教学模式，如混合式教学、倒置课堂、项目式学习等，让学生主动参与和掌握学习过程。灵活的教学模式可以提高学生的学习积极性和自主学习能力，培养他们的创新精神和解决问题的能力。

总的来说，未来学校的教育理念将更加注重个性化学习、跨学科教育、技术整合、实践性学习、全球化视野和可持续发展教育，旨在培养学生全面发展的能力，让他们成为未来社会的开拓者和创新者。

二、形成开放型发展的学校形态

随着信息技术的快速发展与教育改革的不断推进，未来学校的学校形态可能会经历一系列的变革和创新，以适应社会和教育的不断发展。未来的学校应该具有更加多元、开放的形态，学习方式的变革影响着学校布局、校园环境、教室格局、教学模式和方式等，同时在教育教学过程中要运用信息技术和其他先进的人工智能设施设备等来适应学习方式的转变，从而提高学校的信息技术化水平。具体从四个方面来进行。

（一）开放的学校空间

未来学校可能会采用开放式的教学环境，包括灵活的教室布局、多功能的学习空间和开放的学习资源。这种环境鼓励学生和教师之间的互动和合作，促进知识的共享和交流，打破学校固有的围墙，通过互联网、人工智能、云计算等多种现代信息技术手段逐步实现各类教育资源的共建、共享，使学习场所打破界限，走向多元化，以学校为中心，将校园向四周边缘不断延伸，与周边附近的图书馆、美术馆、科技馆、博物馆以及体育馆等相结合，实现校外学习。

（二）开放的学习时间

未来学校打破了原来固定的学习时间表，不再统一规定每一学期的开学、放学时间，也不再固定每天的上下学时间，学习时间更加自主、自由。

（三）开放的学习者

未来学校将会打破原有的年级与学籍限制，不再依据年龄来统一学习，学生可以根据自身已有的知识结构与学习状况来自由选择不同的年段进行学习，每一位学生都向终身学习的方向发展。目前比较流行的开放性学校形态主要有创客空间、STEAM教育、项目学习等。

（四）开放的课程形态

课程资源将跨越学科边界，依据学习者的学习需求动态生成。未来的学校，在人工智能的支持下，学习资源会被高度数字化、标记化，课程内容将打破学科界限，用以支持学习者开展基于主题的跨学科项目式学习。通过对学科、学习主题、年级等关键词设置参数，智能平台可以按需为学习者个性化地集成和推送不同类型的优质课程资源,这将改变学习者在传统学习环境中获取和接受相同学习资源的教育模式。另外,课程知识与生活知识的边界将变得模糊,基于生活情境生成的知识将成为学习者的重要学习内容。

三、开启个性化发展的教育模式

尊重、体现个性是今后基础教育发展的基本方向。能不能让每一位学生都成为他自己,是衡量教育好与坏的根本标准。智能终端、云计算、移动互联网等的出现,为未来学习个性化提供了更大的空间,个性化、智能化的学习将成为未来教育模式的主要特征。在与人工智能协同教学的情况下,教师需要专注学生学习过程中的关键性教学事件。在未来学校,教师机器人可以帮助教师传递教学内容,为学习者提供个性化的学习反馈。教师智能学伴可以为教师组织教学活动提供建议,协助教师完成班级管理工作。随着人工智能在教学中的不断介入,教师可以从重复性的、烦琐的常规教学任务中解放出来,获得对学习过程关键维度的控制权,并在工作中获得新的发展可能性。教师可以利用"空余"的时间,根据实际教学情况为学习者定制特色的学习活动,以反映他们对学生学习方式的深刻了解。教师还可以转变以旁观者身份提供指导的角色,参与到学生学习过程中去,支持学习者完成知识建构与能力发展。

此外,在人机协同教学中,教师还需要对学习者的学习过程做出智慧诊断和决策。在未来学校,基于教育活动产生的大数据,人工智能系统可以帮助教师更好地理解真实的教学现场。在这种情况下,教师不仅需要对学习者的学习结果做总结性评价,还需要对学习者的学习过程做智慧诊断,并给予反馈与指导。一方面,教师需要基于教育大数据的智能分析结果,反思学习资源和学习活动设计的合理性,进而做出相应的教学决策和调整;另一方面,教师需要基于教育大数据的智能分析结果,洞察学习者的学习状态,并给出相应的学习指导和人文关怀。有研究者指出,未来学校最重要的资产将会是数据。学生在未来学校进行的所有学习活动及过程记录都由课程学习中心将其汇总到育人指导中心数据库。每一位学生的所有学习记录都会由分析系统生成学习统计图表,并及时推送给学生、家长、教师。在大数据的支持下,教师不再根据自己的主观经验来为学生提供教育服务,而是根据有效的客观数据来指导学生的学习。这种大量的数据统计具有重要的现实意义。育人指导中心能够依据大多数学生的真实生活状况重建课程体系,开设更科学、合理的课程;教师可以更准确地了解学生的基本状况,为每一位学生设计个性化的学习支持体系。

未来学校的发展愿景是一个充满希望和挑战的道路,但也是一个充满机遇和潜力的时代。在这个愿景中,学校将致力于创新、个性化、全球化、可持续化和社区融合,为学生提供更加丰富、有意义和富有成效的教育体验，培养出适应未来社会需求的全面发展的人才。学校不仅是知识的传授者，更是品格的塑造者和未来的引领者。区域学校的发展愿景不仅仅是学校领导者和教育工作者的任务，更需要社会各界的共同努力和支持。让我们共同期待，未来学校将成为每个学生成长的摇篮，为社会的繁荣和进步贡献力量。

第二节　区域教研员成长的愿景展望

教研员是我国基础教育中一支肩负特殊使命、具有特殊职能的队伍，长期以来在中小学教学研究、教材建设、教师培训、教学改革等方面发挥了重要作用。可以说，教研员对基础教育的发展功不可没。进入新时代，我国基础教育发展呈现出新特点、新变化和新矛盾，传统的教研员角色已不能满足基础教育改革的需要，亟待丰富和更新。中国教研体系是具有中国本土特色的、高质量教育体系的专业支撑，教研员队伍是这一专业支撑的关键人物。2019年，教育部出台《关于加强和改进新时代基础教育教研工作的意见》，提出教研工作的四个"服务"，即服务学校教育教学、服务教师专业成长、服务学生全面发展以及服务教育管理决策，高度概括了新时代教研工作的功能和任务。随着新修订的义务教育课程标准与课程方案的颁布与落实，新时代教育数字化转型的推进，学校课程建设、教师课堂教学、学生学习方式等方面都面临着许多问题需要解决，教研工作的四个"服务"就成为教研员工作中具有挑战性的内容，对教研员的专业素养和工作实践都提出了新要求。在当今快速发展的社会背景下，教育不断面临新的挑战和机遇。教研员作为教育体系中的关键角色，其发展愿景直接关系到教育质量的提升和教育创新的推动。为了更好地应对未来的需求、新课程对教研员的新要求，教研员需要在多个方面实现全面的发展。

一、教育均衡发展，教研员应成为区域教育的设计者

受区域经济社会发展水平影响，我国基础教育发展水平呈现较为显著的区域差异和城乡差异。为了改变这一状况，促进基础教育均衡发展，国家近年来先后颁布了《国务院关于统筹推进县域内城乡义务教育一体化改革发展的若干意见》《国务院办公厅关于加快中西部教育发展的指导意见》《教师教育振兴行动计划（2018—2022年）》等文件。这些文件的颁布与实施，为提升欠发达区域的基础教育质量提供了良好的条件支持和发展机遇。但这又是一个极其复杂的过程，不同区域的教育状况及其影响因素不尽相同，故而政策愿景与实践进程之间往往容易出现偏差甚至错位。如何让区域

基础教育充分利用国家政策，真正实现教育质量的提升，不仅需要地方教育行政部门和中小学校的通力协作，更需要教研员充分发挥教育智库的角色职能，成为区域教育发展的顶层设计者，为政府教育决策和中小学校改革发展提供智力服务。这需要教研员不断加强理论学习，认真研读教育改革政策，把握基础教育改革的目标、任务与要求，研究厘清区域教育发展的方向与定位、优势与不足，找准改革的瓶颈与突破口，并系统分析改革的影响因素与解决对策，整体规划、设计区域教育改革的制度架构和实践路径。

二、进一步发挥优秀学科教师的优势，深入理解学科与教师

教研员是优秀的学科教师，是教师专业成长的专业支持者、专业合作者。未来的教研员须对课程教学改革发展动态高度敏锐，主动关注并了解课程教学改革性质和内容，快速把握课程改革的基本方向和要求，并建立与教学的关联，形成基于课程发展内涵的教学框架。同时，教研员能够清醒地站在学生立场上理解教学要求，能准确把握不同学生在课程与教学中的问题，能依据学生具体问题和经验设计与实施教学，让"学生是课程教学中心"的理念在教学中具体化并得以落实。更重要的是，教研员不断学习并了解课程发展前沿，熟练掌握学科知识体系的构建逻辑，能把知识体系转设成学习体系，能把学生的生活情境作为学科学习的构成要素，建立课程与学生未来发展的联系，引领学生以学科知识为基础解决社会中的真实问题，培养学生核心素养，凸显课程育人功能。最后，未来的教研员善于探索创新学习环境，能借助有效工具界定和检验学习质量，对标准化有理性判断，能在量化评价中更关注差异性的质性分析与解释。新时代的教研员要充分发挥作为优秀教师的这些优势，在课程改革的推进中更好地理解课程、理解学科、理解教师，这样才能更好地服务于学校教育教学、教师的专业成长和学生的全面发展。

三、拥有过硬的教研能力，支撑教研员专业化成长

教研员的专业成长并不是一个多种能力综合发展随日渐增的线性过程，而是以教育研究能力为核心的、延续的、有逻辑的、符合职业成长规律的"能力"序列。教研员教育研究能力基本上是专业化的标准，也是其作为引领者、服务者身份的基石。教研员过硬的教研能力主要体现在三个方面。第一，问题意识。作为优秀教研员，应有敏锐的问题意识，能对教研活动的本质进行追问，提出有效的解决方案，并在回归课堂实践中得到验证，最终得出规律性成果，并有效运用与推广。教研员做研究依托的是实践情景，基于常态又高于常态。作为学术引领者与教学指导者，教研员要有思考

的习惯，要比一般教师有更深入的思考，能够在教学教研中发现问题，在大量问题研究的基础上进行分析、归纳，探寻不同问题背后的规律及其与教育教学实践之间的关系，以问题解决反哺教学实践。一旦遇到问题，能够迅速地捕捉问题并进行价值判断，对有价值的问题积极地与当下的研究进行关联，形成个体的问题资源库，将问题数据化、系统化。第二，回归课堂。教研员的核心角色是研究者，教研员的理论研究必须基于教学实践，而非形而上的纯粹理论。课堂是联系教研员与教师之间的纽带，也是两者开展研究与实践的主阵地。回归课堂既是教研的起点，又是教研的最终落脚点。一方面，只有回归课堂，不断将教育科学理论运用于课堂教学实践，才能验证理论的正误，有针对性地解决教师在实践方面的困惑。新课程改革背景之下，教研员研究的目光应放在"有效学习""深度学习"上，通过引导教师课堂模式的变革，利用现代信息技术，开展"以学生为中心"的课堂教学研究。教研员作为一个地区教育教学改革的引领者，要充分立足地区情况，实现课堂改革的校本化、班本化、个体化。在学科建设方面，以学科核心备课组为中心，积极规划立足校情的课程规划；以集体备课，设计符合学情的教学案例；以听评课实施课程与学业的评价。另一方面，教研员只有回归课堂，不断总结课堂实践的经验，才能获得理论写作的源头活水。回归课堂是教研员研究的合理途径，通过实践—反思—再实践—再反思，不断提高专业能力。第三，课题研究。课题研究是教研员开展工作的一种常用方式，充分体现教研员的理论与实践的沟通能力，也是其教研水平的综合体现。教研课题化能有效改善日常教研活动凌乱无序的碎片状态，教研员通过课题研究将研究过程中遇到的问题具象化、系统化，将问题的解决成果化、理论化。为了形成综合效益，教研员还可以通过设计课题，将课题分解为若干个子课题项目，分散到若干学校，以"任务"驱动教师提升研究能力。如此，在实践、反思的基础上，通过课题研究认识教育教学规律，撰写研究论文，将研究成果化，促进自身专业化发展和引领地区教育教学效益的提升，教研员"引领者"的价值与意义也借以体现出来。

区域教研员成长的愿景展望涵盖了专业化发展、团队合作与领导力、创新教育实践、教育政策参与等多个方面。通过努力实现这些目标，教研员将能够在教育领域中发挥更为重要的作用，为培育未来的人才和推动教育事业的发展贡献力量。新时期的基础教育发展对教研员提出了更多更高的要求，教研员角色的更新及其功能的实现，不仅需要相关政策、制度等外部条件的支持，为其营建优良的发展空间，更需要教研员自觉反思、主动发展，不断提高自身专业胜任力，更全面、更充分地助力基础教育质量的提升。

第三节 区域教师成长的愿景展望

我国教育与行政区域划分紧密结合，市场经济的大背景下，区域经济发展和区域教育发展受到政府政策的指导和干预。经济发达地区由于资源总量的增加促进了教育的发展，经济欠发达地区资源总量的稀缺造成了教育发展的滞后。区域教育能够更好地满足特定地区的教育需求。通过针对地方文化、经济和社会背景制定教育方案，有助于促进教育的公平性和可持续性，更有效地培养当地人才，推动地方的发展。教师作为教育工作的组织者与领导者，在区域教育过程中起着举足轻重的作用。然而在此过程中，教师成长面临着专业发展受限、教学资源不足、工作压力过大等问题与挑战。因此，在注重以人为本的今天，探究区域教育教师成长是十分有必要的。

一、文献综述

（一）区域教育发展现状

改革开放40余年，我国区域发展的极化现象严重。不同的区域、不同的功能定位以及不同的经济社会发展水平导致区域教育发展定位和驱动模式有所差异。

以长三角地区为例，无论是在人口、经济发展、产业发展，还是在高新技术发展抑或是国际合作交流中，在全国乃至全球都占有重要地位。在整个国家教育发展战略布局中，长三角承担着先行先试与示范带动的作用，是国家教育改革发展的"试验田"。在《长江三角洲区域一体化发展规划纲要》中，明确提出"要研究发布统一的教育现代化指标体系，协同开展监测评估，引导各级各类学校高质量发展"。

长三角地区率先实施了教育现代化监测教育评估工作，目前已设计并形成一套科学指标体系。该套指标体系从实际出发，设计具有导向性和特色的指标，以目标导向、问题导向、效果导向为原则，观察长三角地区在国际国内坐标系中所处的位置和优劣势。围绕促进人的现代化，推进学校的现代化、教育体系现代化、教育治理现代化，形成长三角地区教育现代化监测评估理论框架。为进一步有效推进教育监测评估工作，教育部专门成立领导小组及办公室，协调不同机构和长三角一市三省教育行政部门，共同领导和推进长三角地区教育现代化监测教育评估工作，具体包括：探索建立具有中国特色的区域教育现代化监测评估组织实施保障体制；形成管研融合的落实机制；形成多元协同的参与机制；形成精准的施策和服务机制；应用多元的数据来源。通过及时准确反馈监测评估结果和预警预报发现突出问题和短板，为政府科学决策、教育行政部门精准施策提供了重要参考，为丰富凝练中国特色教育治理、讲好新时代中国式教育现代化发展故事积累基础素材。

(二) 教师成长影响因素

教师的成长是一个持续不断的过程，它遵循一定的规律，贯穿整个职业生涯。其中，教师个体和组织环境的各方面因素对教师成长意义重大。费斯勒博士认为，教师成长的社会影响要素有两个：自身原因，包括家庭环境、重大事件、生存危机、个人性格和意愿等；组织环境因素，一般涉及校园规章、管理方式、群众认同和社区期待等。杨秀梅指出，直接影响教师发展的原因有三个方面：一是个人因素，二是与教师生活和事业有关的各种因素，三是与推动教师发展的特定事件有关的各种因素。

王笑梅指出，青年教师的成长是一个复杂的过程，其直接影响各种因素包括认识结构、日常工作心态、组织活动才能及其人际交往。杨毅卓和王志伟等人提出，直接影响新教师成长的各种因素主要有两个：一是社会学原因，包含性别、学位、读书院校、课程类型及其入职时机；二是工作相关原因，包含一周工作时长、与同事的互动状况、每日的午休时长及工作之余锻炼的频次。陈梦然认为，青年教师专业发展的内在因素主要是教师个体没有专业发展意识，缺少内在动力，职业成长目标不明确，学识结构失衡；外在因素则是教学科研各项任务沉重，工作负荷过重，培养制度不完善，经济压力较大等。冯利哲通过构建教师成长模型提出影响青年教师成长的主要因素包括业务水平、道德修养、专业素质和职业满意度，其次是薪酬、福利、人际交往、组织认可度。吴明海、陈建波采用问卷调查与访谈法，得出影响农村小学教师专业成长的内部因素包括知识结构与水平、教学经验与技能、职业发展动机、自我评价机制等；外部因素包括国家教育政策、学校文化氛围、家庭环境等。李婕对女教师成长影响原因进行了深入分析，从社会影响程度上来看，家庭教育原因是最大的妨碍因素，如处理家务、抚养孩子等，而组织环境未能提供足够的理解和帮助，从而直接影响女教师的成长；此外，个人的知识技术水平、实践经验、价值观等也会对女教师的成长产生负面影响。通过量化研究，于胜刚和喻冰洁发现，青年教师的职业属性和职业能力水平是直接影响专业发展满意及需要的关键，当中，学科专业情感、知识和专业技能是最重要的，而制度支持、组织氛围、个体发展需要等原因则相对较弱。

二、愿景展望

在教师成长的过程中，只有教师不断地抛弃过时的东西，并通过专业的再认识，才能实现教师专业自主和理性自觉，才能更好地规划自己的职业生涯和发展走向，推动区域教育有质量地发展。

（一）发展性教师评价

发展性教师评价是非奖惩性评价，强调教师个人在学校组织中的价值，相信教师个人具有做出正确判断的能力，同时承认教师个人发展需求与组织发展需求的完美结合。教师要清楚认识自己是怎样的人，明确工作中所表现的基本品质和工作成效等问题。教师的个人品质对其工作成效具有决定性的影响。社会的迅速发展和时代的变革，需要教师在不断更新、完善学科知识的同时培养自身宽厚的文学修养、发展参与意识和合作共事的品质，养成终身学习的习惯。由于学生的发展是一个漫长、渐进的过程，难以量化和分解学生的发展水平和发展潜能，教师的工作不能收到立竿见影的效果，工作成果的滞后性也是教师评价的一个难点，很难辨别是哪位教师教育的结果。因此，对教师的评价要用发展的眼光来评判。

英国的教师评价实践证明，发展性教师评价在大多数教师中产生了共鸣，许多教师认为"参与发展性教师评价是一种享受"。其强调"教师评价不是一系列可以敷衍的定期的任务，应该将教师评价理解为一种连续的、系统的过程，目的是有助于教师个人的专业发展，帮助教师规划自己的教师生涯，使得教师的在职培训和岗位设置符合教师个人和学校的需求；同时，应该将教师评价过程看作是一种积极的过程，通过更加符合实际状况的决策，让教师获得更多的工作满足，接受更合适的在职培训，更好地规划教师生涯的发展，从而改善学校的教育质量"。可以说，发展性评价通过对全体教师的共同进步，使得教师更加明确个人专业发展目标，增强教师自我发展意识，激励教师的专业兴趣与积极性，帮助他们在工作和职业生涯中更好地满足自我完善的需要，从而促进每一位教师的未来发展，促进学校的未来发展和办学质量的提高。有效、合理的发展性教师评价是区域教育教师成长的制度保证。

（二）批判性教学反思

教师的教学反思应当通过批判性自我反省和对教学行为的分析，挑战蕴含在自己实践中的信念、假设、行为及其所处的环境，目的在于增强教师的理性、自主性，在于使教师对其实践信念和实践因果的决定因素有更多的自我意识，从而使教师做到理性的自我掌控，摆脱外在的束缚，使教师的成长始终保持一种动态、开放、持续发展的状态。

一般来说，教师的反思应当着眼于以下几个方面：其一，反思信念系统。教师要对教与学的潜在假设进行审核、质疑。固有的观念可能会认为，有数年教龄的老教师能更加敏锐地洞察学生在想什么、需要什么。难道这个信念一定正确吗？答案显而易见不是。如果不反思这种潜在的信念，自以为是，并将其作为自己教学的导向，必然会阻碍教师的教学和持续的成长。其二，反思知识架构。知识是教师教学决策和行动的基础。教师在掌握自身学科专业知识和必备教育知识的同时，也要关注当下社会发展的动态以及人文历史的过往。教师通过不断反思，清除自己理论的谬误和偏执，进而更新自己的知识架构。其三，反思教学实践。教师为实现教学实践的合理性，要不断地反思自己的教学活动。教师在思考自身具体教学活动时，应该从以下方面来考虑：面对不同的学生，教师应如何呈现教学内容，如何合理安排自己的教学时间、分配教学资源；教师的教学方法是否适合教学内容和学生的知识基础与个性差异；学生在教师的引导下，是否真正投入到教学活动中，其参与程度如何；教师是否对学生的学习状况和进步予以积极而恰当的评价，是否激励学生不断地探究并鼓励其求知的欲望等。其四，反思区域因素。区域教育与区域经济发展、人文历史密切相关。教师要通过自己的独立思考对所处区域乃至整个社会保持一种关心和审视的眼光，自主思考各种环境和条件限制，灵活处理所遇到的教育境遇，而不是沦为既定制度和群体性文化的"俘虏"。

（三）合作的行动研究

美国著名社会心理学家库尔特·勒温指出，行动研究是"将科学研究者与实际工作者的智慧和能力结合起来解决某一实际问题的一种方法"。从教师成长的角度，教师行动研究是教师对自己的思想、信念、知识及其实践进行有目的的、系统的批判性研究的方式，是提升自身教育实践理论，拓展专业自由、获得专业成长的过程。由于中小学教师受到实践条件和理论视野的限制，若使行动研究更加系统而富有成效，需通过集体努力，在专业研究人员的协助下进行研究，即开展合作的行动研究。合作的行动研究不仅有与专业研究者的合作，而且有教师之间的通力合作。在研究过程中，教师之间的关系是平等的，而非分等级的；交流是可信、真诚和开放的；参与是重点突出和积极的；所有参与者都以合作、包容的方式参与研究和行动，从而大大促进教师的发展和学校合作文化的建构。

教师行动研究是对特定的教育情境所进行的探究性研究，是自省的计划、实施、观察和再思考这一螺旋上升、永无止境的过程，是改进、发展和生成的过程，是理论与实践、研究与行动辩证交互作用的过程。其研究的问题应是教学实践中尚未解决或者未很好解决的问题，研究过程中的设计、假设的提出需要理论研究者或同行的协助与合作，边行动边研究，在不断的行动、观察、检验、反思行动结果的循环中改进教学活动，增强教师实践活动的理性自觉，使教学实践趋向合理、有效，使研究工作和结论具有实践价值和实际意义。在行动研究中，教师应用教育理论时既要对专家提出的理论保持审慎的态度，辨识理论的实质，又要结合自己的实践知识和教育情境，创造性地运用教育理论，解决变化的教育实践情境中的具体问题。这样，教师通过对实践的变革和实践情境的探究、理解，把理论与实践内在地联系起来，从而不断提升专业实践水平，促进自己的教育理论发展。

行动研究既不同于建立在经验基础之上的教育自然实验、实证研究，更不同于一般的教育理论思辨性研究，是一种以教师为主体的、立足于行动的研究，是以自身实践为基础的反思性探究，并蕴含着一定的价值取向，所以它不坚持传统意义上的"客观性"，旨在在行动和研究中提升教师的专业水准。也正是由于行动研究具有明确的价值倾向和指向性，是针对某一教育实践和具体问题的研究，所以在特定情境中得出的研究结论一般只适应于该情境、该问题本身，而不是普遍适应于各种教育情境的概念化的知识或系统的理论，不能将其应用范围或功用任意夸大或泛化。总之，研究过程以行动开始，在行动中进行，并以行动质量的提高与否作为研究效果的评判标准。

第四节　区域学生发展的愿景展望

随着社会的不断进步和发展，教育的角色和目标也在不断演变。传统上，教育主要注重知识传授和学业成绩，但现代教育更加注重培养学生全面发展和个性化成长。下面将探讨区域学生发展的愿景，包括现状分析、愿景设定和实施策略。

一、现状分析

（一）教育资源分配与差异

在区域内部，教育资源的分配可能存在不均衡的现象。一些地区可能拥有更好的学校、更多的教育经费和更优秀的教师，而其他地区则面临教育资源匮乏的现状。这种差异可能会导致学生之间的机会不均等。

（二）师资力量与教育水平

教育质量往往与师资力量密切相关。一支优秀的教师队伍可以激发学生的学习兴趣，提升教育水平。但一些地区可能面临师资短缺或教育水平不高的问题，这可能会影响学生的学习效果。

（三）社会背景与学生差异

学生的社会背景对其学习成就有着重要影响。来自不同社会经济背景的学生可能面临不同的挑战，例如家庭经济困难、家庭不和睦等。这些因素可能会影响学生的学习态度和学业成绩。

二、愿景设定

在这样的背景下，区域学生发展的愿景应该围绕着以下几个关键点展望。

（一）全面发展的教育理念

全面发展的教育理念强调不仅仅是知识传授，而是关注学生的全面成长和发展。这个理念认为，教育应该涵盖多个方面，包括学术知识、品德素养、情感发展、社会技能等，以培养学生成为具有综合素质和才能的个体。在全面发展的教育理念下，教育的目标不仅是让学生获得优秀的学术成绩，更重要的是培养他们成为具有社会责任感、创新精神和团队合作能力的人才。这种教育理念认为，学生的成功不仅仅取决于他们的智力水平，还与他们的品格、情感、社交能力等方面有关。全面发展的教育理念注重个体差异，认为每个学生都是独特的个体，有着自己的兴趣、能力和学习方式。因此，教育应该根据学生的特点和需求，提供个性化的学习支持和指导，让每个学生都能够在适合自己的环境中充分发展。此外，全面发展的教育理念还强调实践性学习和跨学科教育。通过参与实际项目、实习经验等活动，学生可以将所学知识应用到实际问题中去，培养解决问题的能力和创新精神。同时，跨学科教育可以帮助学生跨越学科界限，培养综合素质和综合能力。

区域学生发展的愿景应当以全面发展的教育理念为基础。这意味着不仅要注重学术知识的传授，还要关注学生的品格培养、情感发展、社会技能等方面。教育的目标应该是培养学生成为具有综合素质的人才，他们不仅在学业上优秀，还具备团队合作能力、创新精神和社会责任感。

（二）个性化的学习模式

个性化的学习模式是一种教育方法，旨在根据每个学生的独特需求、兴趣、学习风格和能力，为其提供定制化的学习体验和支持。这种学习模式认为，每个学生都是独特的个体，因此不同的学生可能需要不同的教学方法和学习资源才能达到最佳的学习效果。个性化的学习模式注重以下几个方面。

（1）了解学生的需求和兴趣。个性化的学习模式首先要求教师了解每个学生的学习需求、兴趣爱好和学习风格。这可以通过调查问卷、个人面谈、观察学生的学习表现等方式进行。

（2）提供个性化的学习计划。基于对学生的了解，教师可以为每个学生制订个性化的学习计划。这些学习计划应该考虑到学生的学习目标、弱点和优势，以及他们的个人兴趣和学习方式，从而确保学生能够在适合自己的学习环境中取得进步。

（3）灵活的学习安排。个性化的学习模式通常采用灵活的学习安排，允许学生根据自己的节奏和学习需求自由组织学习时间和地点。这可以通过在线学习平台、混合式教学等方式实现，让学生可以在课堂内外都能够获得学习资源和支持。

（4）多样化的学习资源和评估方式。个性化的学习模式提倡使用多样化的学习资源和评估方式，以满足不同学生的学习需求和兴趣。这包括教科书、网络资源、实验室设施、实践项目等多种形式的学习资源，以及项目作业、口头报告、小组讨论等多种形式的评估方式。

（5）持续的反馈和调整。个性化的学习模式强调持续的反馈和调整，以确保学生在学习过程中得到及时的支持和指导。教师可以通过定期的评估和反馈，及时发现学生的学习问题和困难，并提供针对性的帮助和建议。

每个学生都是独特的个体，拥有不同的兴趣、能力和学习方式。因此，区域学生发展的愿景应该致力于提供个性化的学习模式，满足不同学生的学习需求，如小班教学、个性化辅导、自主学习项目等，让每个学生都能够在适合自己的环境中充分发展。

（三）跨学科的教育内容

跨学科教育内容涉及多个学科领域之间的交叉和整合，旨在帮助学生建立更全面的知识体系，培养综合思维能力，并能够应对现实生活和工作中的复杂问题。以下是一些跨学科教育内容的示例。

（1）综合性项目。这些项目跨越多个学科领域，要求学生结合不同学科的知识和技能，解决现实生活中的复杂问题。例如，一个关于气候变化的项目可能涉及地理学、气象学、环境科学、政治学等多个学科领域。

（2）系统性思维。跨学科教育强调培养学生的系统性思维能力，使他们能够将不同学科的知识整合起来，形成更全面、更深入的理解。例如，学生可以通过研究一个主题或问题，从不同学科的角度进行分析和探讨。

（3）探索性学习。跨学科教育鼓励学生主动探索和发现知识，而不是仅仅接受教师传授的知识。这可能涉及跨学科的实验、观察、实地考察等活动，以及学生自主选择的研究项目。

（4）创造性解决问题。跨学科教育培养学生的创造性思维和解决问题的能力，使他们能够应对现实生活和工作中的复杂挑战。这可能包括设计项目、开展调查、提出解决方案等活动，要求学生结合不同学科的知识和技能，提出创新性的解决方案。

（5）跨学科主题研究。学校可以开设一些专门的跨学科课程或主题研究项目，让学生深入探讨某个特定的主题或问题，并从多个学科的角度进行分析和研究。例如，一个关于可持续发展的跨学科课程可能涉及生态学、经济学、社会学、政治学等多个学科领域。

（6）跨学科合作。跨学科教育鼓励学生在团队中合作，共同解决跨学科的问题或开展跨学科的项目。这可以培养学生的团队合作能力、沟通能力和领导能力，同时也能够促进不同学科领域之间的交流和合作。

现实世界的问题往往是复杂多样的，需要跨学科的知识和技能来解决。因此，区域学生发展的愿景应该促进跨学科的教育内容，打破学科之间的界限，让学生在不同领域之间进行交叉学习和思维。这样可以培养学生的综合素养和创新能力，使他们能够更好地适应未来的挑战。

（四）实践性的学习体验

实践性的学习体验是指通过实际参与和亲身体验来获取知识、技能和经验的学习方式。这种学习方法可以帮助学生更深入地理解概念，提高技能水平，并将学到的知识应用于实际情境中。以下是一些实践性学习体验的例子。

（1）实地考察和观察。学生可以参加实地考察和观察活动，例如参观工厂、博物馆、实验室、自然保护区等，通过亲身体验来了解相关的知识和概念。这种实践性学习可以帮助学生将课堂上学到的理论知识与实际情况相结合，加深对知识的理解。

（2）实验和实践活动。学生可以参与实验和实践活动，例如化学实验、物理实验、生物实验、工程设计等，通过动手操作来探索和发现知识。这种实践性学习可以帮助学生加深对科学原理和现象的理解，并培养他们的实验技能和解决问题的能力。

（3）项目式学习。学生可以参与项目式学习活动，例如设计项目、调查研究、社区服务等，通过解决实际问题来获取知识和技能。这种实践性学习可以帮助学生将学到的知识应用于实际情境中，培养他们的创造性思维和解决问题的能力。

（4）实习和实践性工作。学生可以参加实习或实践性工作，例如在企业、实验室、医院、社会组织等机构进行实践性工作，通过实际工作经验来学习相关知识和技能。这种实践性学习可以帮助学生了解职业生涯的要求，培养他们的职业素养和实际操作能力。

（5）模拟体验和角色扮演。学生可以参与模拟体验和角色扮演活动，例如模拟法庭、模拟联合国、角色扮演游戏等，通过扮演不同角色来体验和理解相关情境。这种实践性学习可以帮助学生提高他们的沟通能力、团队合作能力和解决问题的能力。

理论知识的学习只是教育的一部分,实践性的学习体验同样重要。区域学生发展的愿景应该提倡实践性学习,让学生通过参与实际项目、实习经验、社区服务等活动,将所学知识应用到实际问题中去。这样可以培养学生的实践能力和解决问题的能力,为他们未来的职业发展打好基础。

(五)全球化的视野和竞争力

学生要具备全球化的视野和竞争力,需要从以下几个方面培养和发展。

(1)跨文化交流与理解能力。学生应该具备开放的心态,尊重和理解不同文化背景的人们。参与跨文化交流项目、学习外语、阅读跨文化文学和历史等都有助于培养这种能力。

(2)国际意识和教育。学生应该了解全球各地的社会、经济、文化和政治情况,关注国际事务和跨国合作。参与国际交流项目、参加国际会议、阅读国际新闻等都能够增强学生的国际意识。

(3)技术和数字化能力。学生需要掌握基本的技术和数字化工具,了解互联网、社交媒体、数据分析等技术的运用,这有助于他们在全球化时代更好地与世界各地的人进行交流和合作。

(4)创新与问题解决能力。全球化时代需要具备创新意识和解决问题的能力。学生应该培养批判性思维、创造性思维和解决问题的能力,以应对不断变化的全球挑战。

(5)语言能力。掌握一门或多门外语是非常重要的,这有助于学生更好地与来自不同国家和地区的人交流和合作,也提高了他们的全球竞争力。

(6)社会责任和可持续发展意识。学生应该关注社会责任和可持续发展,了解全球性问题如气候变化、贫困等,并积极参与解决这些问题的行动。

(7)国际经验和实习机会。在国际组织实习参与交换项目或志愿者活动,可以让学生接触到不同文化和工作环境,拓展视野,积累宝贵的国际经验。

随着经济全球化和文化多样化的发展,学生需要具备跨文化沟通能力和国际竞争力。因此,区域学生发展的愿景应该引导学生拓展国际视野,增强跨文化交流能力,培养具有全球竞争力的人才。这可能包括开设国际课程、组织国际交流活动、提供海外留学机会等,让学生能够更好地适应全球化的挑战和机遇。

三、实施策略

(一)教育体制改革

我们将推动教育体制的改革,促进教育资源的均衡配置,提升师资队伍的素质,改进教学方法和评价体系，以提高教育质量和公平性。以下是一些可能的教育体制改革方向。

（1）课程改革。更新和调整课程设置，使之更加贴近社会需求、学生兴趣和未来发展趋势。引入创新、跨学科和实践性课程，注重培养学生的批判性思维、创新能力和问题解决能力。

（2）教学方法改革。推动教学方法的多样化和个性化，倡导探究式学习、合作学习、项目学习等活动，提倡教师与学生之间的互动与合作，注重培养学生的自主学习能力。

（3）评价体系改革。转变教育评价方式，从传统的应试评价向综合评价转变，注重考查学生的综合素养、实践能力和创新能力。采用多元化的评价方法，包括考试、作业、项目评价、口头表达等。

（4）教师培训与发展。加强教师培训，提高教师的专业水平和教育教学能力。建立健全的教师评价和激励机制，促进教师专业成长和个人发展。

（二）创新教学方法

我们将鼓励教师尝试新的教学方法，例如项目式学习、合作学习、实践教学等，以激发学生的学习兴趣和创造力。以下是一些常见的创新教学方法。

（1）探究式学习。让学生通过提出问题、进行研究、收集信息、提出假设和实验验证等过程，主动探索知识，培养学生的探究能力和解决问题的能力。

（2）合作学习。将学生分成小组，让他们共同合作完成任务或项目，通过相互交流、讨论和合作，促进学生之间的互动和合作，培养他们的团队合作精神和沟通能力。

（3）项目学习。设计具有挑战性和实践性的项目，让学生通过自主设计、实施和评估项目来学习知识和解决问题，培养学生解决问题的能力和创新能力。

（4）个性化学习。根据学生的个体差异和学习需求，提供个性化的学习路径和资源，通过定制化的教学方案和学习活动，满足学生的学习需求，提高学习效果。

（三）职业规划与辅导

我们将建立健全职业规划和辅导体系，为学生提供职业咨询、就业指导等服务，帮助他们选择合适的职业。以下是一些关键的职业规划与辅导方面的要点。

（1）自我认知。帮助学生了解自己的兴趣、价值观、技能和性格特点。通过兴趣测试、性格测评和能力评估等工具，引导学生认识自己，从而更好地选择适合自己的职业方向。

（2）职业信息。提供全面的职业信息，包括不同行业的发展趋势、职业岗位的需求、相关的教育背景和技能要求等。引导学生了解不同职业的特点,帮助他们做出明智的职业选择。

(3)职业探索。引导学生积极参与实习、实践、志愿活动等,以获取实际工作经验,了解各类职业的实际工作环境,帮助他们更好地规划职业发展道路。

(4)目标设定与规划。协助学生设定短期和长期的职业目标,并帮助他们规划实现这些目标的具体步骤。促使学生具备明确的职业规划,明白实现目标的路径和所需的资源。

(5)求职技能培养。教授学生关于求职技能的知识,包括简历写作、面试技巧、职业推荐信的撰写等。帮助学生提升自己在职业市场上的竞争力。

综上所述,区域学生发展的愿景应该以全面发展、个性化学习、跨学科教育、实践性学习和全球化竞争力为核心,为学生提供一个全面发展的教育环境,培养具有综合素质和国际竞争力的人才,为他们的未来成功打下坚实基础。

附 录

附录1 南通市崇川初级中学对市直政史教研工作调查问卷统计数据

表15 第1题"您一年参加几次市直教研活动"（单选题）统计数据

选 项	小 计	比 例
1～2次	2	15.38%
3～4次	11	84.62%
5～6次	0	0%
7次以上	0	0%
本题有效填写人次	13	

表16 第2题"市直政史学科教研活动的内容"（多选题）统计数据

选 项	小 计	比 例
学科及相关教育理论	11	84.62%
教学方法与技能	11	84.62%
课程标准学习	11	84.62%
教学案例分析与研讨	11	84.62%
教学、科研经验分享	13	100%
命题指导	5	38.46%
课题研究指导	7	53.85%
本题有效填写人次	13	

表17　第3题"市直政史学科教研活动的形式"（多选题）统计数据

选项	小计	比例
听评课	13	100%
集体备课	7	53.85%
教学观摩研讨会	13	100%
讲座	12	92.31%
各类竞赛	12	92.31%
本题有效填写人次	13	

表18　第4题"市直政史教研活动能否助力您的成长"（单选题）统计数据

选项	小计	比例
能	13	100%
不能	0	0%
本题有效填写人次	13	

表19　第5题"市直政史教研活动可以助力您的哪些成长"（多选题）统计数据

选项	小计	比例
教育理念更新	10	76.92%
责任意识培养	6	46.15%
课程素养提升	10	76.92%
理性精神养成	3	23.08%
本题有效填写人次	13	

第6题"市直政史教研活动不能助力您的成长，您建议……"（填空题）统计数据

填空题数据请通过下载详细数据获取。

表20　第7题"您是否会按照市直教研活动中总结的建议去落实"（单选题）统计数据

选项	小计	比例
会	10	76.92%
不完全会	3	23.08%
完全不会	0	0%
本题有效填写人次	13	

表21　第8题"您会按照市直教研活动中总结的建议去落实，因为……"（多选题）统计数据

选项	小计	比例
教研建议符合教育活动规律	8	80%

续表

选项	小计	比例
教研建议能促进学生的成长	8	80%
本题有效填写人次	10	

表22　第9题"您不完全会按照市直教研活动中总结的建议去落实,因为……"(多选题)统计数据

选项	小计	比例
要根据自身情况有所取舍	2	66.67%
要结合班级学情灵活使用	2	66.67%
要依据学校现状辩证采纳	1	33.33%
本题有效填写人次	3	

表23　第10题"您不会按照市直教研活动中总结的建议去落实,因为……"(多选题)统计数据

选项	小计	比例
自身的专业能力不够	0	0%
学校资源不符合条件	0	0%
不符合班级学生的情况	0	0%
本题有效填写人次	0	

表24　第11题"为了更好地助力您的成长,您希望多开展哪些内容的培训"(多选题)统计数据

选项	小计	比例
学科及相关教育理论	8	61.54%
教学方法与技能	9	69.23%
课程标准学习	6	46.15%
教学案例分析与研讨	10	76.92%
教学、科研经验分享	6	46.15%
命题指导	10	76.92%
课题研究指导	8	61.54%
其他	1	7.69%
本题有效填写人次	13	

表25　第12题"为了更好地助力您的成长,您希望多开展哪些形式的培训"(多选题)统计数据

选项	小计	比例
听评课	8	61.54%
集体备课	5	38.46%
教学观摩研讨	13	100%

续表

选项	小计	比例
讲座	10	76.92%
各类竞赛	6	46.15%
其他	1	7.69%
本题有效填写人次	13	

附录2 调查报告分析

南通市崇川初级中学政史学科组对市直政史教研工作调查问卷，总共有13份有效问卷，现对问卷结果结合教育自觉进行分析。

教育自觉是指教育的主体在深刻理解教育活动规律的基础上去履行符合规律的教育教学活动，目标是人的提升和发展。教育自觉的内涵有四个维度：从教师层面，是指教师对教育不断认识、不断反省、不断超越的过程；从学生层面，是指教师基于职业道德在教育规律下有良知、有智慧地促进受教育者提高核心素养的行为或状态；从学校层面，是指学校办学品质的自觉追求；从区域层面，是指区域教育生态的良性发展。

教育自觉主要涉及三个方面：自我觉醒、自我反思、自我调整。提高教师的教育自觉，既需要内在动力也需要外部支持。通过问卷分析，可以看出教研活动对提高教师的教育自觉已经起到一定作用，但也能发现一些问题。

一、加强引领激励，助力教师自我觉醒

教研活动次数的频繁、形式的多样化、内容的丰富性从外在促进教师的认识自觉，让其认识到自己作为教师的职业胜任力和职业使命感，明白自己的工作不仅仅是传授知识，更重要的是发挥培根铸魂、启智增慧的作用，从而推动教师不仅要积极主动地参加教研活动来不断提高自己的专业素养和教育水平，更重要的是在实践和生活中发现问题和反思改正。通过调查发现，积极主动参加教研活动的为9人，应付安排的3人，无所谓的1人，教师积极主动的态度还需培养。参与南通市教研活动年次数1—2次的有7人，3—4次的有6人；参加市直教研活动年次数1—2次的有2人，3—4次的有11人。由此可知市直的教研活动次数比市教研活动次数相对较多，参加的教师人数范围也较广，因此南通市教研活动举办次数需要增加。值得高兴的是，不管是市或市直活动形式和内容都非常丰富，对课题研究指导和教学案例分析与研讨的活动内

容及教学观摩研讨的活动形式都备受老师们青睐。

二、激发内在动力，助力教师自我成长

通过教研活动的质量和效益从内在激发教师自我反思、自我调整，从而促进教师自我成长。培养教师的教育自觉，关键在于激发其内在动力，调动其积极性主动性。一个人积极主动地去做某件事，无论是出于理性的选择还是情感的支配，都有赖于积极主动的信念或力量，这就是内驱力，而教师的内驱力来自职业成长性和职业成就感。

从调查结果可知，所有老师都认同教研活动能助力自己的成长，有利于更新教育理念、提升课程素养、培养责任意识、养成理性精神，从而激发教育自觉。教育理念是教育自觉的基础，在实际的教育教学实践中，教师正确的教育理念能够帮助教师更加明确育人目标、方法和教学效果。课程素养是教育自觉的保障，是在课堂中扎扎实实的实践行为，以知识传授、价值引领为己任，不断促进学生健康成长。责任意识是教育自觉的动力，在教育活动中主要体现作为教育者的主体性作用的发挥，将立德树人的根本任务自觉贯穿于教育教学全过程。理性精神是教育自觉的核心，是在深刻把握教育规律下，对各种教育事件做出科学判断及处理，能够把握时代需求，不断进行反思、改进、更新。

但是从调查结果可知，教师感知教研活动对责任意识和理性精神的培养还不够强，尤其是对于"你是否会按照市直教研活动中总结的建议去落实"这一问题中，10人选择"会"，3人选择"不完全会"，可以看出教师的批判意识、理性意识还需进一步培养，区域教研文化亟待挖掘。

教育自觉的过程是从自知到吸收再到重建的过程，具有专业性、情感性、理智性。需要以内驱力为内核，以外在支持为保障，教研员和教师深刻挖掘区域教研文化，不断学习、不断反思，才能真正做到。

参考文献

[1] 何成刚. 坚持、完善和发展中国特色基础教育教研制度——《关于加强和改进新时代基础教育教研工作的意见》解读[J]. 基础教育课程, 2020(01): 21-25.

[2] 孙杰远. 教育强国背景下的基础教育变革: 可为、应为与何为[J]. 学前教育研究, 2024(01): 1-11.

[3] 黄万强. 新时代思政课教研员的使命担当[J]. 思想政治课教学, 2019(11): 88-90.

[4] 鲍银霞. 新时代基础教育教研员的使命与担当[J]. 教育视界, 2019(11): 15-18.

[5] 崔允漷. 论教研室的定位与教研员的专业发展[J]. 上海教育科研, 2009(08): 4-8.

[6] 徐宏亮, 朱孔洋, 徐颖, 等. 建构浦东新区"教研立交桥"促进区域育人方式改革[J]. 现代教学, 2023(13): 17-19.

[7] 佘林茂. 科技"金箍"能替代教育生长吗？[J]. 教育视界, 2019(21): 13-14.

[8] 李百艳. 构建区域教育高质量发展"研究立交桥"的探索与实践——以上海市浦东新区为例[J]. 中国教师, 2023(01): 21-26.

[9] 高举中国特色社会主义伟大旗帜 为全面建设社会主义现代化国家而团结奋斗——在中国共产党第二十次全国代表大会上的报告[N]. 人民日报, 2022-10-16.

[10] 叶澜, 白益民, 王枬, 等. 教师角色与教师发展新探[M]. 北京: 教育科学出版社, 2001.

[11] 康晓伟. 论教研员作为教师教育者[J]. 教育科学研究, 2021(01): 92-96.

[12] 朱英杰. 教研员与教师间的"旋转门"究竟卡在哪？[N]. 人民政协报, 2023-9-27.

[13] 董裕华. 价值引领者: 新时代教师的角色定位[J]. 江苏教育, 2022(86): 11-14.

[14] 林雪玲, 张清高, 柯志攀. 区域教学视导: 教师专业化成长的助推器——以福建省

厦门市湖里区为例[J]. 教学月刊·中学版,2021(12):45-49.

[15] 徐林. 新时代背景下教研员专业发展困境与路径选择[J]. 商丘师范学院学报,2022(10):93-97.

[16] 张家军,蒲凡. 教研员角色的迷失与回归[J]. 教学研究,2018(06):112-117.

[17] 刘治刚,林天伦. 新时代教师格局:从"能者为师"走向"觉者为师"[J]. 学术纵横,2023(19):23-26.

[18] 徐贵亮,李应平,谢旭永. 教研员专业发展现状及前瞻——基于全国3445名教研员的调查数据分析[J]. 历史教学(上半月刊),2021(08):53-63.

[19] 曹选春. 云南省昭通市昭阳区乡村初中联片教研管理的问题与对策研究[D]. 云南:云南师范大学,2022.

[20] 步翠岭. 区域教研的现实困境与优化路径[J]. 教学与管理,2021(03):11-13.

[21] 潘文荣,赵安强. 协同教研的区域模式建构与实践探索——以重庆市南岸区为例[J]. 重庆第二师范学院学报,2022(03):117-121.

[22] 杨清. 区域教育治理体系现代化:内涵、原则与路径[J]. 教育学术月刊,2015(10):15-20.

[23] 毛擘,方晓霞. 整合:教师研修课程化的区域实践[J]. 基础教育课程,2019(07):7-12.

[24] 潘文荣,赵安强. 协同教研的区域模式建构与实践探索——以重庆市南岸区为例[J]. 重庆第二师范学院学报,2022(03):117-121.

[25] 罗滨. 北京海淀:以"大教研"专业支撑区域教育高质量发展[J]. 中小学管理,2022(08):10-13.

[26] 李高建,于亚楠. 新时代区域基础教育四级教研机制的创新研究[J]. 教育教学论坛,2023(42):81-84.

[27] 吴焕庆,马宁. 系统化校本教研有效实施的策略研究[J]. 电化教育研究,2013(05):97-103.

[28] 张若男. 区域系统教研观照下的教师教育观念四重转向——以"中山市思政共进社2.0育师模式"为例[J]. 中学政治教学参考,2024(06):75-77.

[29] 夏建军. 新时代思政课育师模式的探索与实践——以中山市思政"共进社2.0"为例[J]. 思想政治课教学,2023(09):89-92.

[30] 裴友军. 用智慧生成智慧:校本教研系统性变革[J]. 人民教育,2022(08):59-61.

[31] 吴晓威,南延娇. 网络工作坊式教研共同体的内涵、价值和实践路径[J]. 中国教育学刊,2023(10):98-102.

[32] 蔡葵花. 基于资源整合的区域教研实践探索[J]. 学周刊,2020(31):187-188.

[33] 祝文灵. 要坚持大众教研与精英教研并重[J]. 江西教育,2012(05):32.

[34] 马颢文,卢立涛. 县域中小学教师专业成长的现实困境与协同发展机制[J]. 中国民族教育,2022(12):41-43.

[35] 游孙瑛,陈华忠. 三级联动:"校—片—市"教研模式的构建与实施[J]. 中小学校长,2023(12):18-21.

[36] 陈向阳. 学校发展新动力:学校发展新计划(SDP)视野下的学校管理变革[M]. 桂林:广西师范大学出版社,2009.

[37] 祝智庭,管珏琪,丁振月. 未来学校已来:国际基础教育创新变革透视[J]. 中国教育学刊,2018(09):57-67.

[38] 刘根平. 信息化创新:引领未来学校变革[J]. 中小学管理,2015(02):24-25.

[39] 顾小清,蔡慧英. 预见人工智能的未来及其教育影响——以社会性科幻为载体的思想实验[J]. 教育研究,2021(05):137—147.

[40] 陈自鹏. 谈如何做好教研员[J]. 天津教育,2023(01):18-20.

[41] 谢旭永. 例谈新时代教研员专业化成长的多维因素——基于优秀教研员的访谈分析[J]. 新课程评论,2023(10):54-59.

[42] 鲁沛竺. 教研员的专业成长能力序列[J]. 基础教育研究,2018(01):26-28.

[43] 胡玫. 教研员做研究的三条路径[J]. 福建教育,2017(32):7.

[44] 孙司宇,张晓京,陈玮琦. 区域教育协同发展的现状及展望高端论坛会议综述[J]. 中国人民大学教育学刊,2023(03):145-152.

[45] 杨秀梅. 费斯勒与格拉特霍恩的教师发展影响因素论述评[J]. 外国教育研究,2002(05):35-38.

[46] 王笑梅. 关于青年教师成长规律的研究[J]. 教育探索,2003(03):99-101.

[47] 杨毅卓,王志伟,赵倩倩,等. 新入职教师成长的影响因素研究——以北京中医药大学为例[J]. 中医教育,2021(03):24-27.

[48] 陈梦然. 高校教师专业发展的基本标准[J]. 高校教育管理,2013(02):63-69.

[49] 冯利哲. BX学院青年教师成长因素研究[D]. 西安理工大学,2010.

[50] 吴明海,陈建波. 农村小学教师专业成长现状、影响因素与发展策略——基于重庆市黔江区的调查与讨论[J]. 湖北文理学院学报,2014(7):72-77.

[51] 李婕. 上海高职女教师专业发展现状及影响因素的调查研究[D]. 华东师范大学,2016.

[52] 于胜刚,喻冰洁. 地方高校青年教师专业发展满意度及需求研究[J]. 北华大学学

报(社会科学版),2021(01):130-136.

[53] 赵昌木. 教师成长研究[D]. 西北师范大学,2003.

[54] 李小峰.创新教育评价改革推动学生全面发展[J].陕西教育(综合版),2024(Z1):49.

[55] 杨洋. 促进个性化学习培养学生综合能力[J]. 教育,2024(04):44-46.

[56] 井润田,罗媛. 跨学科教育改革模式及其制度整合机制[J]. 新文科教育研究,2023(04):88-100.

[57] 李争. 实践式学习的内涵特征与实施路径[J]. 小学教学设计,2023(31):58-60.

[58] 周文正. 全球化视野下的高中政治教学探索[J]. 课程教育研究,2018(39):73-74.

[59] 伊贤锐. 试探有效区域教研及其实施[J]. 教育导刊,2009(02):47-48.

[60] 刘敏,马波. 专业共同体理论支持下的区域教研实践模型建构[J]. 教育视界,2023(03):34-38.

[61] 赵庆林. 以区域精准教研服务教师专业成长——基于江苏省扬州市蜀冈—瘦西湖风景名胜区627名小学教师的调查分析[J]. 江苏教育,2023(28):33-37.

[62] 王娜. 从个体资源到集体资源——基于资源整合的区域教研思考[J]. 教育理论与实践,2019(11):22-24.

[63] 卞桂富. 构建基于高质量发展的区域教研共同体模型[J]. 江苏教育,2019(09):49-50.

[64] 赵冬冬. 论教师的教育自觉及其养成[J]. 当代教育科学,2016(24):25-27.

[65] 邹亚,李阿利. 教育自觉理论研究综述[J]. 学理论,2017(02):205.

[66] 潘丽芳. 教师实践性知识研究——以上海市小学教师为例[M]. 上海:华东师范大学出版社,2015.

[67] 徐晶. 中学优秀教研组知识传承与发展研究[D]. 上海:华东师范大学,2008.

[68] 吴艳华. 为实践性知识而教[D]. 上海:华东师范大学,2011.

[69] 王明安. 论马克思主义创始人奠定了社会协同学的理论基础[J]. 系统科学学报,2014(03):35-38.

[70] 查冲平,顾小清,祝智庭. 协同脚本与使能技术:一种协同学习实现方案[J]. 电化教育研究,2010(04):14-19.

[71] 魏同玉. 区域协同教研:乡村"微型学校"校本教研的新发展[J]. 教育理论与实践,2017(05):32-34.

[72] 胡小勇,刘琳,胡铁生. 跨区域优质教育资源协同共建与有效应用的机制与途径[J].

中国电化教育,2010(03):67-71.
[73] 贾贵洲,陆枋,李蓓. 精英与草根:校本教研背景下中小学教育科研功能转化及管理[J]. 中小学教师培训,2010(09):32-33.
[74] 姚爱祥,张俊. 走好大众教研之路——对小学科学课程"区域性教研"的实践与思考[J]. 基础教育参考,2006(10):11-12.
[75] 丁杰. 从经验到实证:苏州教研转型的实践与探索[J]. 江苏教育研究,2018(28):13-17.
[76] 张秋爽,杨树华.教研员如何设计好教师的研修活动[J].小学教学研究,2015(25):10-12.
[77] 陈锋,汤瑾.共情教研:核心素养时代区域教研的创新研究[J].教育参考,2022(03):23-30.
[78] 尚云飞. 构建促进教师专业发展的区域教研共同体实施策略探索[J]. 科学咨询,2022(14):142-144.
[79] 王帅. 学校特色发展:误区、追因与路径[J]. 基础教育课程,2020(18):27-34.
[80] 曾剑. 课程建设应强化"四大融合"[J]. 四川教育,2023(05):8-9.
[81] 丁念金. 学校课程统整中的课程结构设计[J]. 课程·教材·教法,2008(11):3-7.
[82] 魏薇,张伟峰. 探寻适合学生发展的课程——"双新"背景下学校课程改革的实践探索[J]. 现代教学.2022(21):7-8.